프론트 스테이지 법칙

제임스 테블James Teboul 지음 | 이경조 옮김

프론트 스테이지 법칙

Front Stage

(주)고려원북스

당신의 비즈니스를 프론트 스테이지와
백 스테이지로 나누어서 보라!
그리고 각 스테이지에 맞는
성공법칙에 따라 전략을 수립하라!

원서 '서비스는 무대 위다 Service is Front Stage'는 일견 서비스업 관련자들을 위한 책으로 보인다. 역자도 서비스 품질 경영에 참고하고자 이 책을 읽기 시작했다. 이 책을 읽으면서 서비스 품질을 향상시키기 위해서는 서비스를 수행하는 무대 위 현장의 관리를 고객과 직원과 회사, 삼자의 균형적인 관점에서 잘 해야 하는 것은 물론, 그보다 앞서 그런 서비스를 준비하는 무대 뒤에 대한 체계적이고 지속적인 관리가 필요하다는 혜안을 얻을 수 있었다. 당연시되는 말이었지만 서비스에 대해서 이렇게 명징한 정의를 본 적은 없었다. 이 책은 서비스업의 경영과 관리를 더 잘하기 위한 이론적인 배경과 실전에 적용할 수 있는 훌륭한 실천방안들을 제시한다. 그러나 이 책의 또 다른 가치는 제조업의 관리자들에게 서비스를 이해시키고 제조업 비즈니스를 더 잘하게 하는 데 있다고 본다.

　우리나라 조선업은 선박수주량에서 세계 1위다. 고객의 요구에 맞춘 선박 설계 역량과 뛰어난 제조 기술을 보유하고 있다. 그러나 선박제조부분은 제조 원가와 기술면에서 중국에 추격을 받고 있다. 조선업계가 생각하는 다음 세대의 비즈니스 모델은 IT와 무선통신 시설을 완벽하게 갖춘 스마트십을 만들어서, 원격지에서 항해 중에 있는 배의 모든 시설의 가동상황을 모니터링하고 예방조치를 취할 뿐만 아니라 각종 부가서비스를 제공하는 서비스업으로 비즈니스를 확장하는 것이라고 한다. 세계1위를 유지하기 위해서는 제조업에서 서비스업으로 확장이 불가피하며, 다른 산업의 예를 봤을 때 장래에는 조선업에서 서비스가 차지하는 매출 비중이 선박 자체의 매출보다 커질 가능성도 있다.

　한편 기존의 서비스업에서는 경영혁신과 기술도입을 통해서 더 적은 비용으로 더욱 많은 고객에게 서비스를 제공하는 방향으로 발전하고 있다. 역자가 오랫동안 지원해왔던 금융업계를 보면 온라인시스템, 콜센터, 인터넷뱅킹, 후선업무처리센터 등을 통해서 금융기관의 효율성과 생산성은 비약적인 발전을 해왔다. 즉, 서비스업은 계속 산업화(공업화)해 나가고 있는 것이다.

역자는 IBM에서 하드웨어와 소프트웨어를 제조하는 제조업으로서의 IBM의 서비스 사업본부인 '글로벌 테크놀로지 서비스'의 대표를 지냈고, 비즈니스 컨설팅과 시스템 통합 사업을 담당하는 순수 서비스 사업본부인 '글로벌 비즈니스 서비스' 대표도 역임하면서 같은 회사에 있는 서비스 사업부문이라도 양자는 그 성질이 판이하게 달라서 경영스타일과 인사관리 등 모든 면이 달라야 한다는 것을 경험하였다.

테블 교수의 본 저서는 서비스란 서비스업에서만 하는 비즈니스가 아니라 모든 사업에서 고객과 상대하는 프론트 스테이지(무대 위)에서 일어나는 활동이라고 새로운 정의를 내리고 있다. 그래서 모든 조직은, 기업이나 공공기관이나를 막론하고, 자기 사업을 프론트 스테이지와 백 스테이지로 나누어서 보고 각 스테이지에 맞는 분석과 전략을 수립해야 한다는 것이다. 즉, 프론트 스테이지에는 프론트 스테이지의 성공법칙이 있고, 백 스테이지에는 백 스테이지에 맞는 성공 법칙이 있다고 역설한다.

이 책은 식당, 도서출판업, 제조업 서비스, 금융업, 순수 컨설팅업의 경우 등 많은 서비스 비즈니스 사례와 실전에 응용할 수 있는 서비스경영관리를 위한 분석도구와 실행방안들을 담고 있다. 서비스에 대한 전반적인 조망과 개념을 정리하고자 하는 분들과, 서비스업에 종사하면서 품질 향상과 경쟁력 강화를 위해 고심하는 분, 그리고 제조업의 서비스 분야에서 일하며 미래를 도모하는 관리자 모두에게 이 책이 훌륭한 가이드가 되리라고 믿는다.

이경조

CHAPTER 1 TOWARD A NEW DEFINITION OF SERVICES

서비스의 새로운 정의

CHAPTER 2 SERVICES: THE FRONT-STAGE EXPERIENCE

서비스, 무대 위의 경험

CHAPTER 6 QUALITY GAPS
품질 격차

CHAPTER 7 THE THREE MOVEMENTS OF QUALITY
세 가지 품질 활동

**업종을 막론하고 모든 비즈니스는 많든 적든
서비스업 안에 있고,
장래에는 더욱 그렇게 될 것이다!**

오늘날 경제에서 서비스 산업에 더욱 많은 관심이 집중되고 있다. 서비스 산업은 빠르게 성장하여 이미 다른 두 산업, 농업과 제조업을 훨씬 앞질렀다. 서비스 산업의 월등한 규모, 다양하게 제공되는 서비스의 종류, 서비스업이 제기하는 범부서적인 관리 이슈의 다양성 등 때문에, 모든 산업을 세 그룹으로 나누는 고전적 패러다임은 진부하고, 어느 면에서는 틀린 것이 되었다.

어떻게 이런 모든 다양성을 이해하고, 일반적으로 통용될 수 있는 서비스업의 정의를 만들어낼 수 있을까? 새로운 정의의 힘은 서비스업 현장을 탐사하는 데 사용돼온 현존하는 개념과 접근 방안들을 잘 설명하고 체계화할 수 있을 만큼 강력하면서도, 단순성과 경제성을 얼마나 잘 유지할 수 있을 것인가에 달려 있다.

이 책은 백 스테이지(무대 뒤) 활동과 프론트 스테이지(무대 위) 활동 사이를 분리하는 것을 근간으로 하여 서비스에 대한 정의를 기술한 책이다. 서비스는 프론트 스테이지에서 일어나는 상호작용을 다룬다. 생산과 제조는 백 스테이지의 활동들이다. 이 아이디어는 단순하지만 마케팅, 운영관리, 조직행동, 인사관리 등과 같은 경영학 분과들 사이의 전통적인 구분에는 역행하는 것이다. 이 정의를 적용하면, 모든 비즈니스들이 프론트 스테이지의 상호작용과 백 스테이지의 운영을 둘 다 하고 있으므로, 우리는 모두 많든 적든 간에 서비스업 안에 있는 것이다. 이 정의의 특수성이 잘 이해되기만 한다면 진짜로 조사할 가치가 있는 부분은 바로 이 '많거나 적은' 프론트 스테이지의 특징들이다.

이 아이디어는 단순하지만 강력하다. 나는 이 정의가 현재 존재하는 다양한 서비스들과 — 제조업에서부터 전문직까지 — 그와 관련 있는 경영상의 문제점들을 탐구하는 가장 좋은 방법이라는 것을 보여줄 것이다. 왜 상품과 작업과정(프로세스)을 구별하는 것이 더 이상 가능하지 않은지, 그리고 왜 마케팅, 운영, 인력 문제들이 프론트 스테이지에서 다 혼합되는지가 훨씬 더 분명해져야 한다. 왜 품질, 생산성과 융통성 문제가 서비스업에서는 그렇게 구체적인지도 훨씬 분명해져야 한다.

이 책의 목적은 여기서 제안하는 정의가 건실해서, 전체 비즈니스 영역을 충분히 관장할 수 있다는 것을 증명하고, 또한 그 정의에서 파생되는 접근 방법이 모든 종류의 서비스들을 탐구하고, 성공적인 서비스 전략을 계획할 수 있는 청사진을 제공할 수 있음을 증명하는 것이다.

이러한 백 스테이지/프론트 스테이지 개념은 분명히 새로운 개념은 아니다. 그러나 이 책이 새로운 지평을 여는 부분은, 서비스믹스와 서비스 삼각형, 그리고 서비스-집중도 매트릭스와 같은 몇 가지 도구들을 가지고 현장에서 일어나는 모든 중요한 문제들을 시스템적으로 탐구하는 데 이 개념을 사용했다는 데 있다.

이 책은 어떤 정밀한 영역에 대해 자신의 연구를 더욱 깊게 하고 정제하기를 바라는 독자들을 위해 쓰여진 것은 아니다. 이 책은 서비스의 매우 넓은 세계에 대하여 전체적으로 조망하고자 하는 독자들, 또는 특정 서비스 영역을 탐험하여 스스로 경험을 쌓고자 할 때 사용할 안내지도를 찾고 있는 독자들, 그리고 어떤 종류의 서비스든지 그것의 사업상의 위치를 정하고, 설계하고, 실행하는 방법을 찾는 독자들을 위하여 쓰여졌다.

이 책은 논리적인 순서로 펼쳐진다. 제1장에서는 서비스업에 대한 전통적인 분류를 고찰한 후에 새로운 정의를 소개하고, 지금은 우리가 모두 어느 정도는 서비스업 안에 있다는 것을 독자들이 이해하도록 돕는다. 제2장에서는 프론트 스테이지와 백 스 테이지의 차이를 대조하고, 핵심 이슈(이런 두 가지 매우 다른 세계를 정렬하는 방법)의 개요를 서술한다. 제3장에서는 이른바 서비스 삼 각형의 개념을 소개하여 새로운 서비스 접근방법을 펼쳐 보인 다. 여기쯤 오면 이중 파트너십 문화를 만들 필요성부터 품질 격 차에 주목하는 일의 중요성에 이르기까지 몇 가지 중요한 문제 들이 분명하게 드러난다. 제4장에서 다루는 서비스-집중도 매트 릭스는 어떤 종류의 서비스든지 그 포지션을 결정하는 데 매우 유용한 도구인데, 몇 가지 산업별 사례들과 함께 소개된다.

제5장에서는 서로 다른 이해당사자들이 인식하는 가치와 서 비스의 가치제안 사이의 어울림을 찾아내고 유지함으로써 혁신 적인 서비스를 창조하는 핵심 이슈를 집중적으로 조망한다.

제6장과 7장은 상품의 품질과 서비스의 품질 사이의 차이를 분석한다. 그리고 독자들에게 세 가지 품질활동을 소개한다.

제8장은 서비스에만 있는 또 다른 구체적인 문제인 공급과 수 요의 균형을 다룬다. 제9장에서는 지금까지 개발한 개념과 도구 들의 가치와 유용성을 보여주고, 그것들이 서비스 연속선상의 양쪽 끝에서 어떻게 적용되는지 보여줄 것이다. 한 쪽 끝에는 제 조업의 서비스가 여전히 상품과 가까이 있고, 다른 한 쪽 끝에는

전문직 서비스가 고객과의 상호작용에 집중하고 있다.

마지막으로 제10장에서는 변화프로세스를 어떻게 관리할 것 인지를 고찰한다. 전략적인 위치 재정립, 새로운 서비스 가치제 안 혹은 지속적인 개선 등을 통해서 경영진이 가치를 재창조하 려고 노력할 때, 경영진은 실현에 집중해야 하고 시스템적인 변 화프로세스를 도입해야만 한다.

이 책을 통틀어서 제시한 다수의 이미지, 그래프, 상징들은 독 자들이 양쪽 뇌를 사용해서 주요 아이디어와 개념들을 소화하고 기억하는 데 도움이 될 것이다. 내 목표는 가능한 한 이 책을 얇 게 만드는 것이었다. 왜냐하면 경영진은 시간이 많이 없을 뿐만 아니라, 천 마디 말보다 그림 하나를 더 선호한다는 것을 내가 잘 알기 때문이다.

이 책은 인시아드INSEAD 경영대학원과, 너무 많아서 여기 열거 하기도 어려운 수많은 회사에서 열린 세미나에 참석하신 분들의 질문, 토론 그리고 협조로부터 많은 혜택을 받았다. 스티븐 칙 Stephen Chick, 크리스토프 로크Christoph Loch, 벤 벤소우Ben Bensaou, 젠 스 메이어Jens Meyer, 그리고 이브스 도즈Yves Doz가 해준 수많은 제 언과 개선에 대해서 특별히 감사한다. 편집에 수고해준 릴리안 하스Lillian Haas, 그리고 원고를 타이핑하고 여러 번 다시 타이핑해

16

준 클레어 드롱Claire Derouin의 인내심에 감사한다. 마지막으로 이 책은 인시아드 경영대학원의 도움이 없이는 나올 수 없었다는 것을 밝혀둔다.

필연적으로 이 책을 쓰면서 나는 많은 부분을 다른 데서 빌려왔는데, 중요한 것들에 대해서는 책 안의 문장 속에서 원전을 밝혔지만, 모든 원전을 다 인용할 수는 없었다. 나머지는 책 말미에 있는 참고문헌 목록에 수록되어 있다. 나 자신을 위해서, 그리고 바라건대 독자들을 위해서도 중요한 것은 여행 그 자체다. 이 책을 쓰면서 특정한 이슈들이 나에게 더 분명해졌다. 이제부터 나는 프론트 스테이지/백 스테이지라는 개념으로 표현된, 바로 이 새로운 사고의 명징성을 다음 장에서부터 여러분들과 공유하고 싶다. 내가 주장하고자 하는 유일한 독창성은 이 새로운 서비스의 정의가 아주 건실해서 모든 서비스 영역을 충분히 섭렵할 수 있고, 적절한 관점을 가지고 중요 이슈들에 접근할 수 있다는 것을 증명한 것이다.

SERVICE IS FRONT STAGE

모든 비즈니스는 무대 위Front Stage와 무대 뒤Back Stage
두 개의 전혀 다른 세상을 가지고 있다!

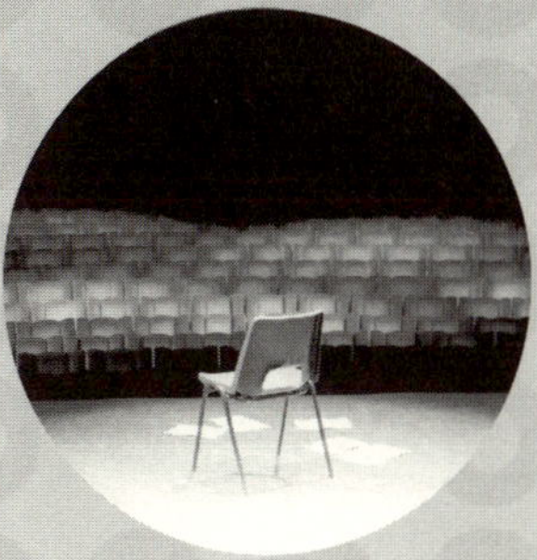

서비스의 새로운 정의

TOWARD A NEW DEFINITION OF SERVICES

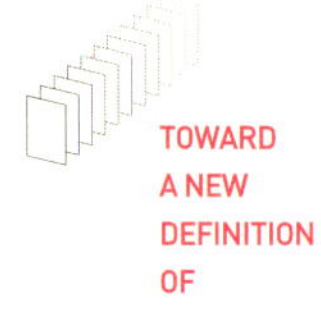

서비스업은 경제의 가장 큰 부분을 차지하고 있으나 아직 그 본질이 정확하게 정의되어 있지 않다.

대부분의 사람들은 영국 잡지 「더 이코노미스트The Economist」가 정의한 대로 서비스란 '거래를 통해 사고팔지만 당신의 발등에 떨어뜨릴 수 없는 어떤 것' 이란 말에 동의할 것이다. 또한 토지 경작이나 자동차 생산은 서비스업에 포함되지 않는다는 것에도 동의할 것이다. 그러나 무엇이 서비스가 아닌지를 설명하려 할 때보다, 서비스가 정확하게 무엇인지 설명하려 할 때 견해 차이가 분분하게 엇갈린다. 그래서 어떤 연구든지 서비스의 정의에 대한 복잡한 쟁점에 직면하게 된다. 우리가 서비스라고 부르는 이 모든 활동들의 공통점은 무엇인가? 또 그것들의 기본적인 특성은 무엇인가? 서비스의 새로운 정의로부터 어떤 교훈을 얻을 수 있을 것인가?

고전적인 세 가지 산업 분류_ 30년 내에 제조업의 고용이 10% 이하로 감소한다

서비스를 정의하는 접근 방법 중의 하나는 우리가 이미 서비스가 아니라고 알고 있는 활동들을 먼저 제거하는 것이다. 이 접근방법을 적용하면 경제를 세 종류의 산업군으로 분류하게 된다. 이 전통적인 견해에 따르면 농수산업이 우선 가장 중요한 1차산업으로 분류되고, 그 다음에 제조업이 2차산업으로 분류되며, 그 나머지 모두가 3차산업, 즉 서비스업으로 분류된다. 이제 이 첫 번째 정의가 만족스러운지 확인해보자.

경제 발전은 이 세 가지 산업 모델을 따라 자연스럽게 세 단계의 순서를 밟아왔다. 처음에는 생산과 교환 면에서 농업이 압도적이었다. 농업은 낮은 생산성 때문에 대부분의 사회 구성원들을 고용했다. 농업의 뒤를 이어 제조업, 즉 2차산업이 주로 규모의 경제 덕분에 빠르게 개발되었고 생산성 면에서도 엄청난 향상을 가져왔다. 2차산업의 발전으로 생겨난 여유 노동력을 활용하여 서비스업, 즉 3차산업이 번성하게 되었다. 이 마지막 산업은 급속히 팽창해서 이윽고 세 가지 산업 중 가장 큰 산업으로 성장하였다.

2002년도에 미국에서는 고용 인력의 76%가 서비스업에 종사하였고, 농업에 종사하는 인력은 단지 2.6%에 지나지 않았다(그림 1.1).

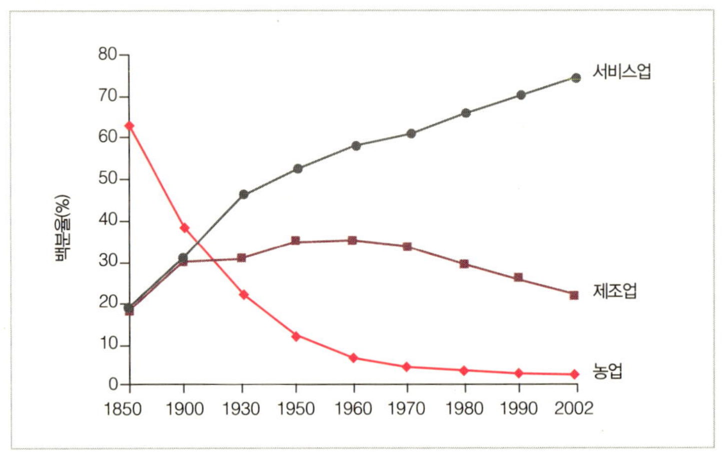

농업으로부터 다른 두 산업으로의 고용 이동은 지난 세기에 보여진 가장 주목할 만한 변화 중의 하나이며 이런 현상은 전 세계에서 목격되고 있다.

20세기 초 일본에서는 거의 70%의 노동력이 농업 분야에 종사했다. 이에 비해 미국은 40%, 영국은 단지 20%에 불과하였다. 2002년도에 이 수치는 일본이 5.3%, 미국이 2.6%, 영국이 1.8%로 변화했다.

이와 유사하게 과거 30년간 제조업에서도 고용이 현저하게 감소한 점은 주목할 만한 가치가 있다. 뚜렷하게 일직선으로 변화하는 모습은 아닐지라도, 이 진화는 자못 흥미로운 것이다. 영국의 경제학자 리처드 브라운Richard Brown과 줄리어스 디앤Julius DeAnne[2]에 의하면 농업과 제조업은 비슷한 진화 과정을 거쳤다.

이 두 산업은 모두 노동력을 절감시키는 기술적 변화를 통해 생산성이 증가하는 것을 보여준다. 두 산업 모두 쉽게 거래할 수 있는 산출물을 생산하며, 점점 늘어나는 생산 능력을 저원가 지역으로 이전할 수 있다.

그러므로 이 경제학자들에 따르면 우리는 다음을 기대할 수 있다.

1 OECD 국가에서는 앞으로 30년 내에, 제조업의 고용이 10%나 그 이하로 계속 감소할 것이다.
2 독일이나 일본과 같이 현재 제조업의 고용이 가장 높은 국가들은 더욱 빠른 고용 감소를 보일 것이다.

만약 최근에 발생한 고용의 구조적 변화가 농업에서 제조업으로 이동하지 않았다면, 일자리들은 주로 서비스업으로 옮겨갔다.

서비스업의 발전을 분명하게 보여주는 또 다른 방법은 GDP(국내총생산) 측면에서 그 규모를 측정해보는 것이다(그림 1.2). 미국에서는 서비스업이 GDP의 가장 큰 부분을 차지하고 있는 반면 인도나 중국에서는 GDP의 50% 이하를 차지한다.

지금은 우리 경제에서 서비스업이 갖는 중요성을 어느 정도는

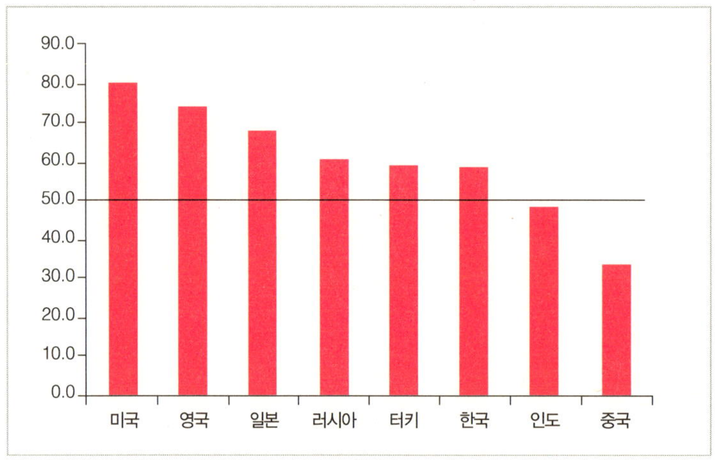

이해하고 있으나, 서비스업의 실제적 내용과 그 영향에 대한 진지한 분석이 최근에서야 시작되었다는 것은 흥미로운 일이다.

연구가 늦어진 이유 중의 하나는 학자들이 비내구제를 취급하기 꺼려하거나, 주로 노역과 연관된 분야를 파고들어 연구하는 것을 싫어하기 때문이다. 이런 인식은 경제학의 역사에 깊이 뿌리박혀 있으며, 애덤 스미스Adam Smith 와 칼 마르크스Karl Marx 의 추종자들에게서 관찰되고 있다. 애덤 스미스는 1776년에 출간된 그의 저서 「국부론The Wealth of Nations」에서 다음과 같이 서술하였다.

사회에서 가장 존경받는 일부 계층이 수행하는 노동은 천한 노예의 노동과 같이 어떤 가치도 생산하지 못한다. 그들의 노동은, 노동을 하고 난 후에도 계속 존재하이 인용문은 서비스업에 대한 경멸을 공공연하게 드러내고 있다. 서비스업은 비생산적이고 일시적인 것으로 간주되었고, 성직자는 어릿광대와 섞여서 취급되었다.

이런 태도는 불행하게도 20세기 내내 유지되었다. 중앙집중식 계획 경제의 이론가들이 갖고 있었던 서비스업에 대한 멸시 때문에 동부유럽 및 러시아와 중국의 경제에서 서비스업은 개발되지 않은 산업으로 남게 되었다. 그 결과 이 국가들은 자신들이 생산하는 상품의 운송, 유통, 금융, 업무처리와 유지보수에 큰 어려움을 겪었으며 지금도 계속 어려움을 겪고 있다. 오늘날까지도 제조업이 서비스업보다 더 많은 기술을 요구한다는 견해가 널리 팽배해 있고, 서비스 종사자들은 여전히 '맥도날드 주방보조'나 '대중 연예인' 따위로 희화화되고 있다.

그러나 우리가 서비스업을 고려하면 할수록, 현재의 서비스업이란 너무나 방대할 뿐만 아니라 분명하지 않아서 정의로서 제 구실을 하기가 어렵다는 것을 발견하게 된다. 서비스업이란 결국 경제의 나머지 부분을 대변하는 말에 지나지 않는다. 너무나 광범위하고 다양한 경제 활동들을 포함하는 정의다. 서비스업의 중심에서는 경찰관과 매춘부, 은행원과 트럭 운전수, 학교 교사와 미용사들이 모두 어깨를 부딪치며 공존하는 모양새다. 그러나 서비스업을 정의하기가 어렵다고 해서 정의를 하기 위한 시도 자체를 포기해서는 안 된다. 서비스업 내부에 들어가서 분류를 수행해보면 서비스업을 더 정확하게 가시화할 수 있을 것이다.

보다 상세한 분류_생산자 서비스의 괄목할 만한 확대에 주목하라

브라우닝-싱글맨Browning-Singlemann 분류법은 산업군을 다음과 같이 분류하고 있다(그림 1.3).

- 추출성(농업, 광업)
- 변형성(건설, 식가공, 제조업): 2차 산업
- 생산자 서비스(비즈니스 서비스와 상용 서비스)
- 개인 서비스(가사도우미, 호텔, 수선, 세탁, 연예 등)
- 유통 서비스(물류, 통신, 도소매업)
- 비상용 서비스(건강, 복지, 정부 등 공공 서비스)

최종고객에 대한 근접성에 따라서, 전체 그림을 수직적으로 분

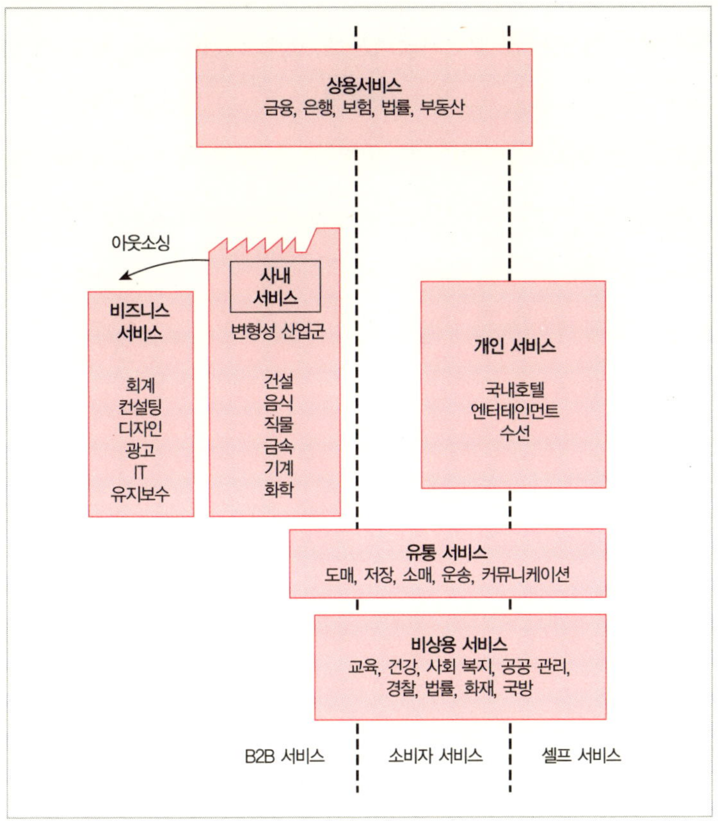

할하여 또다시 세 가지로 분류할 수 있다.

- 기업 대 기업 서비스(B2B 서비스)

- 소비자 서비스

- 셀프 서비스

● 기업 대 기업B2B 서비스

회사들은 항상 다른 회사가 제공하는 유통, 금융, 보험 같은 서비스를 사용하고 있다. 그러나 최근 몇 년 동안 이들 회사들이 내부적으로 취급해오던 정보처리, 법률 상담, 광고, 디자인, 연구, 청소 및 보안과 같은 업무까지도 아웃소싱하기 시작하면서, 생산자 서비스에 대한 요구는 괄목할 만큼 증가했다. 아웃소싱의 주된 목적은 경비를 절감하고 노동력의 유연성을 개선하기 위해서지만, 서비스 제공자가 구체적인 경험과 전문 지식을 더 많이 갖고 있으므로 인해 그 부분에 대한 회사의 전문성을 증대시키려는 목적도 갖고 있다.

이런 식으로 아웃소싱된 직업은 새로이 창출된 일자리로 볼 수는 없고, 단지 제조업에서 서비스업으로 고용이 이동된 것에 지나지 않는다. 이러한 아웃소싱 과정을 통해서, 소위 제조업의 일자리 중 상당수가 국가 회계상 서비스업으로 정의된 독립된 구조로 옮겨가고 있다.

● 소비자 서비스

소비자 서비스란 상용서비스(소비자들의 개인적인 사용을 위하여 소비자에게 직접 판매하는 은행이나 보험 서비스를 포함)와 건강이나 교육과 같은 전통적인 공공서비스이다. 정부 정책이 사회복지와 주민 서비스를 확대해왔기 때문에, 상용 소비자 서비스의 성장은 전반적으로 거북이걸음을 해왔다.

● 셀프 서비스

소비자가 자신에게 필요한 서비스를 스스로 제공할 때, 이것을 셀프 서비스라고 정의한다. 일반적으로 이것은 생산성을 증가시키는 한 방법으로 인정되고 있다. 그래서 정도의 차이는 있지만 가정부와 시종들, 이발사와 라이브 공연 등은 모두 세탁기, 청소기, 식기세척기, 전기면도기와 텔레비전 등으로 교체되었다.

● 전반적인 진화

이제 〈표 1.1〉을 통하여, 미국의 산업 및 세부산업의 전반적인 진화를 살펴보자(우리는 다른 선진국에서도 비슷한 진화를 예상할 수 있을 것이다).

앞서 언급한 것처럼 농업과 제조업은 하향세에 있다. 3차산업 안에서는 공공 서비스와 유통 서비스가 우위를 차지하고 있지만, 가장 파격적인 진화는 의심할 여지 없이 생산자 서비스의 진화다. 이러한 성장은 대체로 비즈니스 서비스의 중요성이 점진적으로 증가한 덕분이다.

마지막으로 앞으로 수년간 서비스업에서 고용의 발전 방향을 예상해보면, 개인 서비스의 안정화와 공공 서비스의 증가(대체로 건강 서비스 분야의 성장 때문에), 그리고 생산자 서비스의 괄목할 만

[표 1.1] 미국의 산업별 고용의 진화

연도 전체 고용자 수(단위 : 백만)	1970 78.36	1980 99.32	1990 116.03	2002 129.93
각 산업별 고용				(단위 : %)
농업-부분합계	4.42	3.38	2.78	2.57
제조업-부분합계	33.29	29.34	25.73	21.81
광산	0.66	0.99	0.64	0.40
건설	6.15	6.26	6.69	7.44
제조	26.48	22.09	18.40	13.97
서비스업-부분합계	62.29	67.28	71.49	75.62
생산자 서비스	6.83	9.92	13.39	14.30
금융,보험,부동산	5.04	6.04	6.94	7.03
비즈니스 서비스	1.79	3.88	6.46	7.27
개인서비스	7.66	7.55	6.52	5.33
유통 서비스	26.95	26.91	28.26	29.08
운송 및 커뮤니케이션	6.79	6.57	7.04	7.45
도매 및 소매 거래	20.16	20.34	21.22	21.63
비 상용 서비스	20.85	22.90	23.32	26.91
정부	5.72	5.38	4.85	4.76
병원 및 헬스 서비스	5.70	7.43	8.05	9.74
초등학교, 중학교	7.82	5.59	5.16	6.21
고등 교육		2.11	2.28	2.34
사회 서비스	1.06	1.60	1.93	2.76
법률 서비스	0.55	0.79	1.05	1.10
합계	100.00	100.00	100.00	100.00

출처 : United States Statistical Abstracts, 2003

한 확대가 기대된다. 그중에서도 지식 노동자와 전문가들이 가장 빠른 성장률을 보일 것이다. 반면에 일자리 수의 증가가 가장 큰 분야는 자격을 거의 요구하지 않는 직업들이 차지할 것이나, 이런 직업들의 대부분은 직업의 장래성이라 할 만한 것은 거의 보장하지 않을 것이다. 몇 가지를 예로 들면 패스트푸드 종업원, 사무원, 청소부, 웨이터와 운전기사 등이 직업적 발전에 대한 전망이 거의 없이 종신 고용될 것이다.

이런 분류의 한계_서비스업과 제조업의 경계가 무너진다

서비스업이 농업도 제조업도 아니라는 것은 분명하다. 서비스업은 나머지 부분, 즉 보완하는 부분이다. 그러나 지금까지 설명한 개선된 분류법이라고 해서 서비스업의 특수성에 대한 이해를 더 넓혀주는 것은 아니다. 단지 우리는 활동들을 좀더 동질한 카테고리로 묶었을 뿐이다.

● 제조업과 서비스업 구분의 인위성_인위적 산업 구분은 무의미하다

사실 제조업과 서비스업 사이의 구별은 대체로 불분명하다. 분명히, 이 두 산업은 공생관계로서 함께 진화하고 있다. 즉, 서비스업은 막강한 제조업 없이는 번창할 수 없고 제조업은 서비스업에 의존한다.

상품은 제공된 서비스의 물리적 구현으로 볼 수 있다. 자동차는 안락한 이동 수단을 제공하고 텔레비전은 오락을 전달하는 것이다.

이것은 결국 제조업과 서비스업 사이를 인위적으로 구분하는 것이 오늘날의 세계에서는 무의미하다는 것을 의미한다. 보통은 승강기 제조업체가 유지보수 서비스도 함께 제공하지만, 전체적으로 이 활동은 제조업으로 구분된다. 그렇지만 만약 어떤 독립된 회사가 이와 똑같은 유지보수 서비스를 전문적으로 수행한다면 이 회사는 서비스업의 범주에 들어간다. GM사의 경우, 금융과 보험 서비스는 회사의 주요 '상품' 중의 하나이다.

제조업이 서비스업으로 옮겨가는 것처럼 서비스 제공자들도 그들의 활동을 공업화하는 경향이 있는데, 이는 패스트푸드 업체인 맥도날드의 진화를 보면 잘 알 수 있다. 그러나 공업화가 유발하는 비인격화의 증가와 융통성의 부족을 생각해볼 때 이런 공업화 경향이 뻗어갈 수 있는 거리에는 분명한 한계가 있다.

그러므로 경제 활동을 세 개 또는 그 이상의 산업군으로 나누는 것은 헛된 일이다. 이런 식으로는 서비스업에 대한 명쾌하고 실용적인 정의를 끌어낼 수 없다. 이와 정반대로 우리는 서비스란 무슨 뜻인가를 먼저 정의한 후에 그 정의가 현실적으로 타당하고 유용한지를 검증해보는 접근 방식을 채택해야 한다.

'순수한' 서비스는 극단적인 경우다

아마 서비스업과 제조업 사이의 다른 점을 이해하기 위한 최선의 방법은 블랙박스 접근법을 사용해 두 산업을 대조하는 것일 것이다. 그리고 다음과 같은 단순한 질문들을 해보는 것이다. "무엇이 블랙박스 안으로 들어가는가?" 그리고 "무엇이 나오는가?"

서비스 제공자의 활동들은 고객에게 직접적으로 영향을 준다. 고객이 겪는 경험은 비록 제조된 상품, 음식이나 정보와 같이 유형의 요소들을 포함하기도 하지만 본질적으로 무형이다.

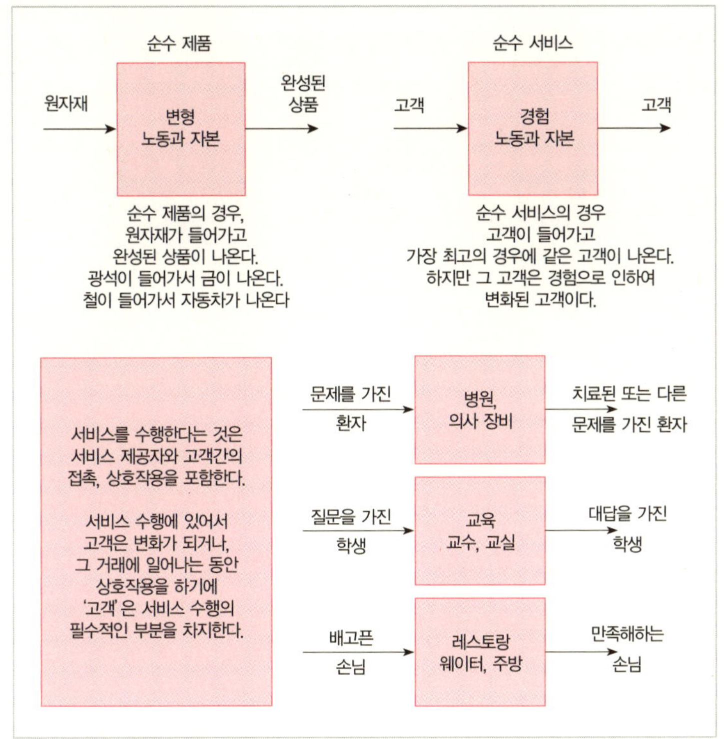

호텔 방은 여행자의 여독을 풀어줄 수 있어야 하고, 법률 상담은 고객의 잠재적 손해를 막는 혜택을 주어야 한다.

상품은 물체이고 장치이고 어떤 사물인 반면에, 서비스는 활동이고 독특한 실행이다. 비록 대부분의 서비스 제공이 유형적인 요소에 의해 지원될지라도 서비스로 판매되는 것의 본질은 한쪽이 다른 쪽을 위하여 실행하는 것이다.

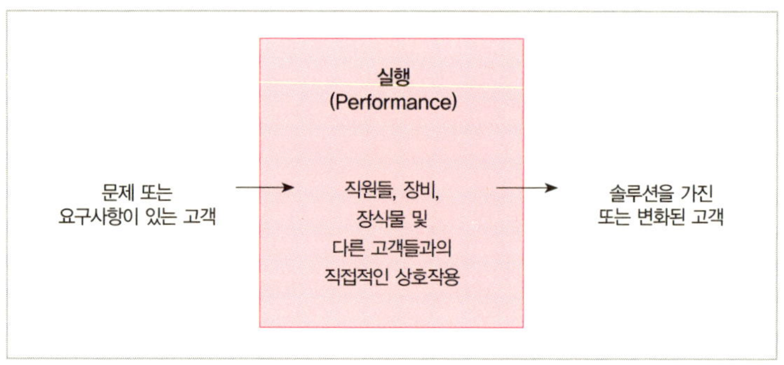

이런 상호작용interaction은 일반적으로 우리가 '프론트 스테이지 front stage(무대 위)'라고 부르는 곳에서 발생한다. 제공되는 서비스의 형태에 따라서 고객과의 접촉 수준은 고급 식당에서의 경험처럼 상당히 수준 높고 집중적이거나, 단순한 은행 거래처럼 간단하고 산발적일 수 있다. 덜 집중적인 접촉인 경우는 전화나 온라인을 통해 이루어지기도 할 것이다.

이제 서비스 경험을 상품의 제조와 비교해보자. 제조업에서 블랙박스에 들어가는 것은 원자재나 정보다. 산출물은 완성된 상품이나 처리된 정보다. 이들 활동은 〈그림 1.6〉에서 보여주듯이 고객이 있는 곳에서 멀리 떨어져 있는, 우리가 일반적으로 '백 스테이지back stage(무대 뒤)'라고 부르는 공장 안에서 발생한다.

순수한 서비스와 순수한 상품은 극단적인 경우이다. 현실에서는 서비스가 수행되거나 혹은 상품이 생산되는 모든 경우에, 프론트 스테이지와 백 스테이지가 같이 개입되고 있다. 이러한 프론트 스테이지와 백 스테이지의 상대적인 중요성이, 바로 어떤 활동이 주로 서비스인지 아니면 상품인지를 결정할 것이다(그림 1.7). 이는 정도의 차이는 있지만 우리가 모두 서비스업 안에 있다는 것을 의미한다.

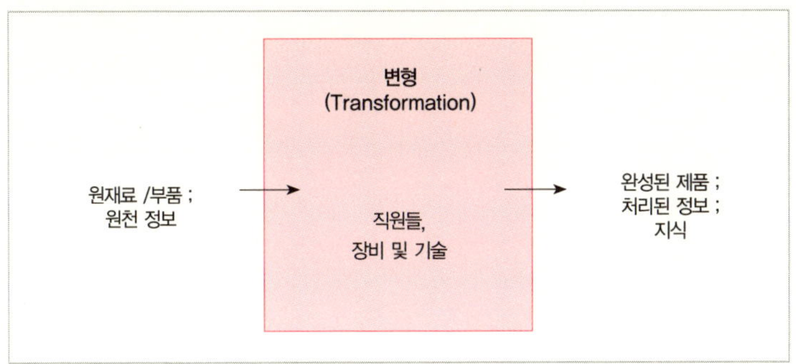

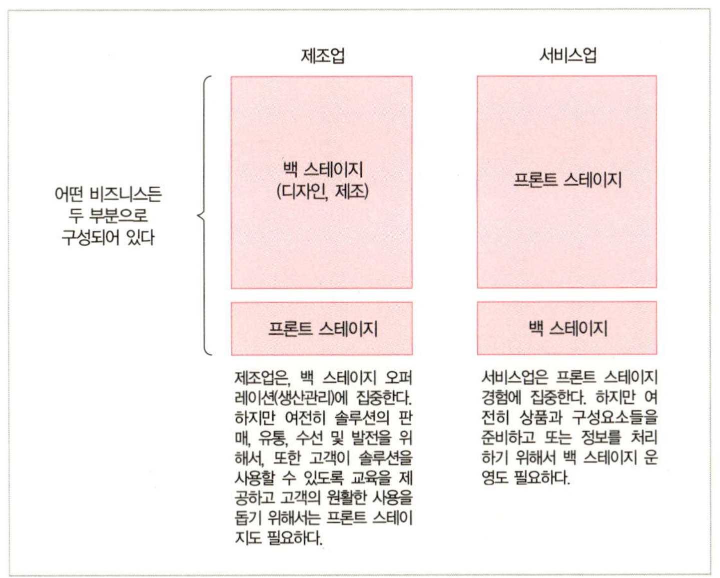

　중요한 것은 제조업과 서비스업 사이의 전통적인 구분이 아니라, 두 개의 매우 다른 세상인 프론트 스테이지와 백 스테이지 사이의 차이점이다.

정도의 차이가 있을 뿐 우리는 모두 서비스 안에 있다

상품의 제조나 서비스 수행은 다같이 프론트 스테이지의 활동과 백 스테이지의 활동들을 포함한다는 견해는 일찍이 1972년에 테오도르 레비트Theodore Levitt에 의해서 발표되었다.[3]

> 서비스업이 따로 존재하는 것은 아니다. 다른 산업보다 서비스 구성요소가 더 많거나 적은 산업이 있을 뿐이다. 모두 다 서비스 안에 있다.

　레비트의 견해는 더 발전되지 않았고, 그의 메시지는 잊혀졌다. 이 책의 목적은 이 메시지가 '서비스는 프론트 스테이지 활동이다' 라는 정의로 자연스럽게 이어지는 것을 보여주는 것이다. 예를 들어 음식점은 정도의 차이는 있지만 모두 서비스 안에 있다. 음식점의 서비스 부분은 식당 홀이고 생산 부분은 주방이다.

　'정도의 차이' 란 측면은 맥도날드와 고급 레스토랑의 식사 공간, 즉 식당 홀의 비교에서 분명히 나타난다.

　고급 음식점의 서비스 구성요소(식당 홀 부분)는 고객의 대기라인과 셀프서비스 공간으로 구성되어 있는 맥도날드의 프론트 스

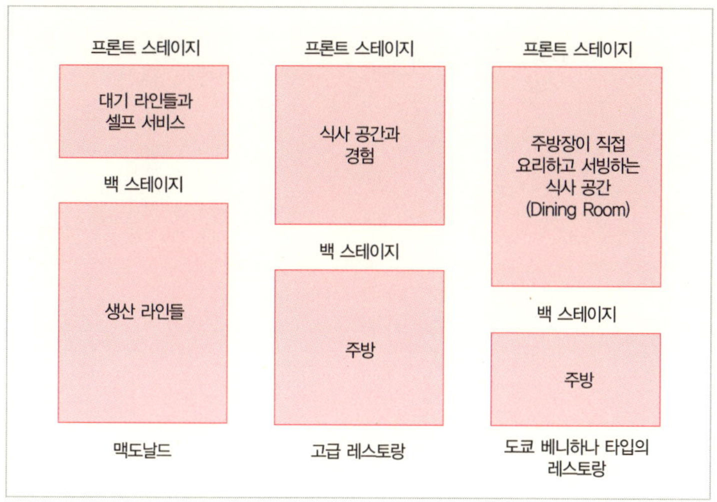

테이지보다 더 많이 발달되어 있다. 반면에 맥도날드의 백 스테이지에서는 생산라인들이 햄버거와 같은 표준화된 상품을 만든다. 서비스의 공업화란 생산성을 높이고 규모의 경제를 달성하기 위하여 프론트 스테이지를 단순화하고 백 스테이지의 상품에 초점을 맞추는 것이다.

만약 요리사가 백 스테이지에서 프론트 스테이지로 나온다면, 서비스 경험은 그의 존재에 의해 풍요로워질 것이다. 즉, 요리사는 요리하고 서비스하고 고객과 상호작용하며 쇼를 보여주기도 한다. 이것이 도쿄 베니하나 음식점의 서비스 개념이다. 여기서 서비스 측면은 분명히 향상되었다.

똑같은 접근방법이 정보와 지식을 다루는 활동에도 적용된다.

어떤 종류든지 정보와 데이터는 원재료로 간주되어야 한다

데이터와 정보들은 물리적인 소재로 구성된 경우(종이, 책 등)
다루고 저장하고 변형하는 데 노력이 많이 든다.

디지털 혁명에 의해서 정보는,

• 쉽게 처리되고
글, 소리, 음악, 데이터, 필름, 파일 그리고 그림들은 비트로 변형되어서
쉽게 수정되고, 모양 변형이 가능하고, 잘라내기와 대량 처리,
다운로드/업로드 및 빠른 속도로 편집이 가능하다.
이 때문에 데이터뱅크, 데이터 웨어하우징, 데이터 마이닝, 데이터 통합 등의 개념이 가능
해졌다.

• 쉽게 사용자에게 맞춰 변형되고, 풍부해지고, 축적되고, 지식으로 변형되며

• 쉽게 배포된다
비트로 변한 정보는 쉽게 그리고 신속하게 퍼지고 널리 보급된다(무한한 확장성과 접근성).
이 때문에 소유와 보호의 어려움이 존재한다.

우리의 정의에 의하면 생산활동은 원자재의 처리뿐만 아니라 정보의 처리도 포함한다. 정보는 그저 원자재의 또 다른 형태, 즉 특유의 속성을 가진 원자재일 뿐이다(그림 1.9). 소프트웨어 프로그램들은 하나의 상품이다. 소프트웨어의 경우에 프론트 스테이지에서의 서비스 측면은 유통, 고객 환경에 적용, 학습, 컨설팅과 교육에 관한 것이다. 상품과 정보는 고객과의 관계를 풍요롭게 하기위해서 사용된다.

미래에는 서비스가 주류를 이룰 것이다

〈그림 1.10〉에서 표현되고 있는 것은 자동차 조립회사에 브레이크 시스템을 공급하는 한 제조업 회사[4]의 예인데, 대부분의 기업에서 서비스 측면의 팽창이 어떤 모습으로 일어나고 있는지를 보여준다. 주로 백 스테이지 활동에 주력하는 회사도 더 많은 고객맞춤형 솔루션과 더 나은 상호작용을 원하는 소비자의 압력 때문에 프론트 스테이지 활동을 개발해야만 한다.

이 회사의 경우에 세계 시장을 세 지역으로 나누어서 후방 조직은 상품의 우수성과 규모의 경제에 초점을 맞추고 있었으며, 각 지역의 시장 및 고객과 연결하기 위해서 고객담당 기술진과

[그림 1.10] 기존의 조직 구조

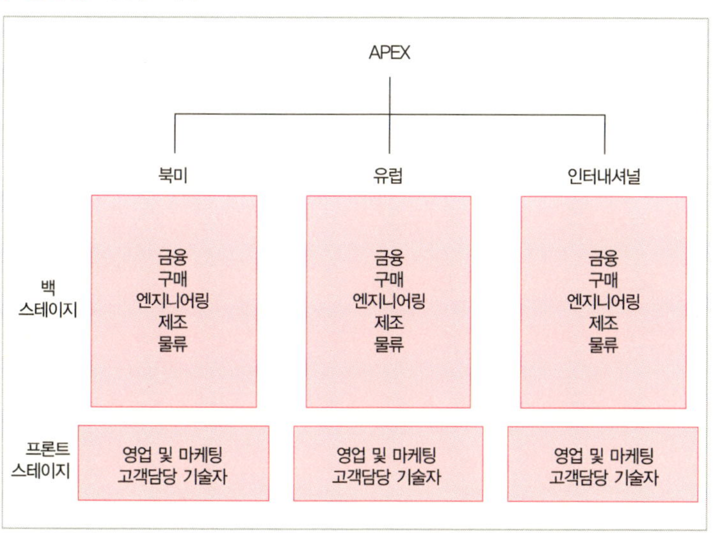

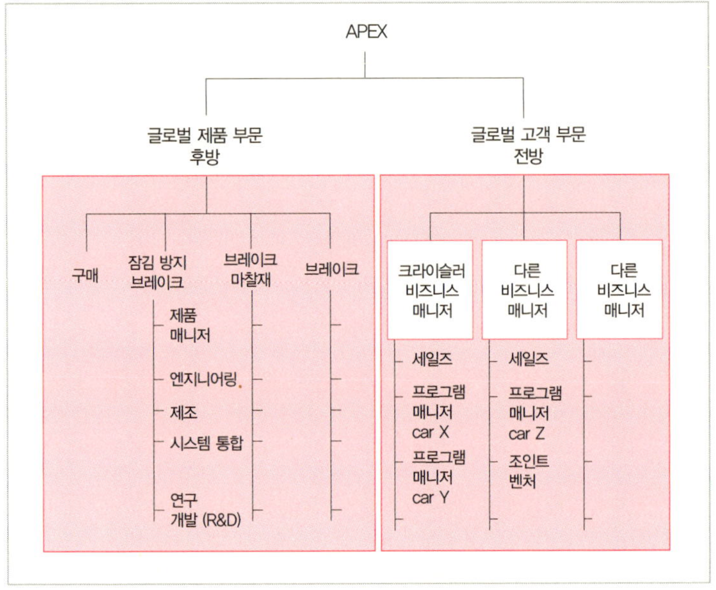

영업부 및 마케팅부로 구성된 단순한 전방 조직을 운영하고 있었다.

〈그림 1.11〉의 새로운 구조는, 세계 시장과 대형 고객에게 더 좋은 서비스를 제공하기 위해 사업 부문 관리자와 프로그램 관리자 역할을 신설하여 프론트 스테이지의 규모가 크게 증가한 것을 보여준다. 서비스의 새로운 정의에 따르면, 이 회사는 비즈니스 활동에서 서비스 측면을 증가시킨 것이다.

결론_ 두 개의 매우 다른 세상을 관리하라

백 스테이지와 프론트 스테이지가 더욱 차별화됨에 따라, 상품 중심의 접근법과 고객 관계 중심의 접근법 사이의 내재된 갈등에도 불구하고 그들을 조절하고 조화시키는 것이 다음에 풀어야 할 숙제다.

현재 우리는 정도의 차이는 있지만 모두 서비스 안에서 살고 있다. 백 스테이지가 규모의 경제와 아웃소싱으로 축소되고, 프론트 스테이지가 소비자의 수준 높은 요구로 인해 더욱 발전함에 따라, 미래에는 서비스가 훨씬 더 주류를 이루게 것이다. 이 시점에서 중요한 것은 백 스테이지와 프론트 스테이지의 상대적 중요성을 가늠하고, 종종 갈등을 빚지만 조절과 조화가 필요한 두 개의 매우 다른 세상을 관리하는 방법을 이해하는 것이다. 이것이 다음 장들의 주제다.

CHAPTER

2

서비스, 무대 위의 경험

SERVICES: THE FRONT-STAGE EXPERIENCE

경제를 세 개의 산업군으로 구분하려는 시도는 매우 인위적이다. 레스토랑에 식사하는 홀과 주방이 있는 것처럼, 어떤 활동이든 '프론트 스테이지'와 '백 스테이지' 요소의 혼합으로 생각해야 한다. 고객은 프론트 스테이지의 서비스를 경험한다. 그리고 백 스테이지는 '상품 영역'으로서 여기서 물리적인 변형이 일어난다.

은행의 창구에서는 은행원이 직접 고객을 응대하며 고객의 재무적인 거래 요청을 수행한다. 서비스가 즉시 제공되지 못하는 상황일 경우에는 고객의 요청 사항이 종이에 기록되거나 컴퓨터에 파일 형태로 저장되어 백 스테이지로 전달된다. 그리고 나서 그 정보는 마치 공장에서처럼, 중개하는 저장장치를 사용해서 하나의 단말기에서 다른 단말기로 옮겨가며 처리된다.

파리에서 뉴욕으로 가는 비행기를 생각해보자. 고객은 '수송을 생산하는 도구' 안에서 여행을 한다. 비행기가 여행이라는 서비스를 생산하는 동안, 고객은 그것을 실시간으로 소비하고 있는 것이다. 이때 서비스의 생산과 고객의 소비 사이에 시간 지연이란 있을 수 없다. 승객은 여행 이전부터 그 이후까지 언제나 서비스의 생산 과정에 직접 관여되어 있기 때문에 여행사의 방문부터 전화예약, 체크인, 승무원들과의 대화, 짐을 받게 되는 단계에 이르기까지 넓은 범주의 상호작용을 경험하게 된다. 이러한 서비스를 경험하는 매 순간이 바로 '진실의 순간moment of truth'[1]이다. 또 한 가지 중요한 사실은, 공항이나 비행기 안에서 고객은 이면에 존재하는 '지원 시스템'들에 대해서는 오로지 희미하게만 인식한다는 것이다. 예를 들어 짐 옮기기, 비행기의 유지보수, 항공경로 통제, 음식준비 같은 일들 말이다.

그러므로 모든 비즈니스 활동은 서비스 측면의 '상호작용'과 상품 측면의 '물질의 변형'으로 구성된다. 이중 어느 쪽에 더 무게가 실리느냐에 따라 비즈니스의 정체성이 결정되는 것이다. 이러한 구분은 경영의 관점에서 무척 중요하다. 직접적인 상호작용을 관리하는 것과, 물질 또는 정보의 변형을 관리하는 것은 질적으로 다른 작업이기 때문이다. 여기에 대해서는 후에 자세히 설명하겠다.

'프론트 스테이지'와 '백 스테이지'라는 근본적인 구분이 서비스를 새로운 개념으로 정의해가는 데 바탕이 될 것이므로, 여러 경제 부문에 이 개념을 적용해 타당성을 검토해보는 것은 유용한 작업이 될 것이다(그림 2.1 참고).

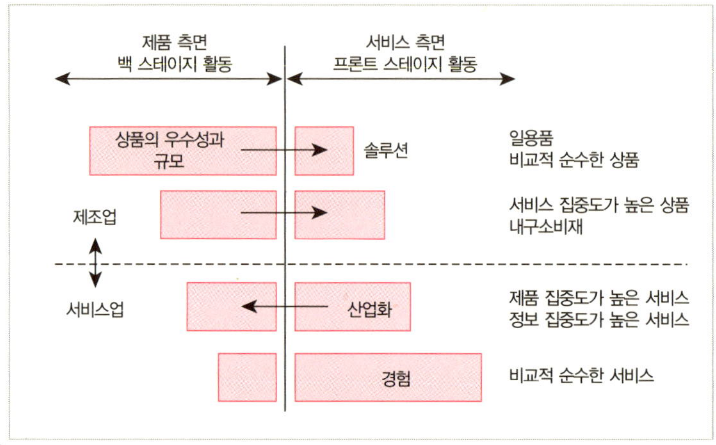

서비스의 구성요소_서비스의 산업화는 지금의 트렌드다

첫 번째 카테고리는 비교적 '순수한' 상품이나 일용품이다. 여기에는 1차 상품(철, 종이, 유리, 알루미늄, 농업, 화학적인 상품 등)과 포장 상품(음식, 비누, 치약같이 슈퍼마켓이나 자판기에서 판매하는 상품)이 포함된다. 이 경우, 상호작용의 여지는 상당히 제한되어 있으며(주로 판매와 마케팅) 단순한 거래가 오가는 가운데 가격이 중요한 요소가 된다.

에어리퀴드Air Liquide사와 에어프로덕츠Air Products사와 같은 가스 공급업체들에게 가장 핵심적인 차별화 요소는 가격이다. 가스 분자는 모두 똑같기 때문이다. 따라서 '상품'에 초점이 맞추어진 업계에서 선두가 되기 위해서는 '규모의 경제'와 '대량생산'을 통한 원가절감이 가장 자연스러운 전략이다.

단순히 '상품' 판매를 넘어서 '고객'과 '솔루션의 판매'에 초점을 맞출 수도 있다. 이는 고객이 어떻게 가치를 창조하는지를 이해하고, 그에 알맞은 상품과 서비스를 고객의 가치창조 사이클에 맞게 적절히 제공하는 것을 의미한다. 예를 들어 고객이 양식업을 한다면, 에어리퀴드사는 〈그림 2.2〉에서 보여지는 것처럼 다양한 서비스들을 자사의 상품과 장비에 엮어서 제공할 수 있다.

두 번째 카테고리는 자동차, 전기설비, 컴퓨터 등과 같이 한 번 사면 비교적 오래 사용하는 '내구소비재'다. 이 카테고리에서 서비스는 필수불가결한 요소다. 서비스를 통해 고객과의 관계를 창출해야 할 뿐 아니라(예를 들어 사용자 지침서를 쉽게 설명해주거나 전화상

[그림 2.2] **양식업자의 가치창조 사이클**

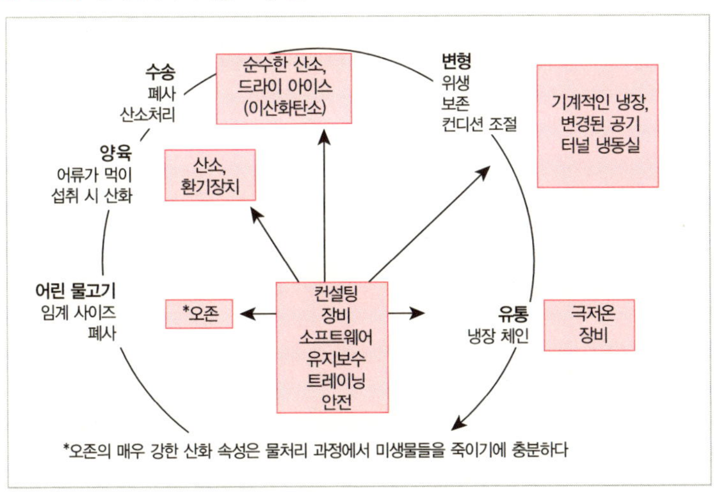

담 서비스를 제공하는 등), 상품을 유지보수해야 하기 때문이다. 특히 로봇과 같이 극도로 복잡한 장비나 기계를 거래할 경우, 구매자 및 실사용자와의 관계가 긴밀해야 함은 물론 운송, 설치, 유지보수 등 특수한 서비스도 개발되어야 한다. 이런 관계는 장기적인 파트너십으로 발전해나갈 수 있다.

은행이 500대의 PC를 구매할 경우, 은행은 상품과 함께 관련된 서비스도 구매한다. 은행이 소매금융 시스템을 구매한다면, 은행은 작동하는 하나의 거대한 시스템을 구매하는 것이지 단순히 상품 더미를 구매하는 것이 아니다. 그 결과 공급자는 시스템통합 서비스(컨설팅, 어플리케이션 소프트웨어 개발 및 고객 교육 등을 총괄 제공)를 제공하게 되는데, 이런 서비스가 영업최전방에서 다루는 중요한 사업이 된다. 공급자가 자신의 역할을 증가시킴으로써 아웃소싱과 같이 고객의 업무도 일부 대행하게 된다.

이번에는 자동차의 유통과정에서 연이어 일어나는 두 경험, 즉 '구매 경험'(자동차에 대한 만족감)과 '구매 이후의 서비스 경험'을 보자.

이 경우 토요타가 훌륭한 자동차를 고객에게 제공하더라도, 자동차 판매원이 제 역할을 제대로 수행하지 못한다면 고객의 충성도는 감소할 수 있다. 반대로, 고객이 토요타의 차량 자체에 만족하지 못하는 경우, 판매원이 토요타에 대한 불만을 만회해주는 역할을 할 수도 있다. 이 다이어그램은 비즈니스에서 서비스 측면의 중요성을 명확하게 보여준다. 과연 잘 알려진 표현대로, "성능이 선도하지만, 서비스가 승리한다Performance leads, but service wins"고 할 만하다.

〈그림 2.1〉에서 제조업 부문과 서비스업 부문을 구분 짓는 점선 아래를 보면, 서비스업은 두 개의 카테고리로 다시 나뉜다. 하나는 레스토랑, 호텔, 은행과 같은 '상품(정보) 집중도가 높은 서비스goods-and information- intensive services'이고, 다른 하나는 미용업이나 법률자문과 같은 '비교적 순수한 서비스relatively pure services'다.

먼저 첫 번째 카테고리에 대해서 생각해보자. 일반적으로 은행을 선택할 때 두 가지의 중요한 고려사항은, 지점의 고객담당 매니저가 제공하는 상호관계의 품질과 재무적인 조언의 가치이다. 그러나 일상적이고 표준화된 거래를 처리하기 위해 큰 비용을 지불하거나 먼 거리를 이동하고 싶어할 고객은 없을 것이다.

그래서 '상품(정보) 집중도가 높은 서비스'는 상호작용 과정이 단순해지므로(예를 들어 기존의 면대면 접촉을 통해 해결하던 방식을 온라인 처리 방식으로 대체), 대량 처리를 통한 규모의 경제 효과가 백 스테이지에서 뒷받침해준다면 생산성을 향상시킬 수 있다. 이러한 점이 콜센터와 온라인 비즈니스의 성장을 설명해준다. 비용을 절감하고 규모의 경제를 달성하기 위해 고객과 상호작용하는 인터페이스의 수를 최소화하고, 관련된 업무는 백 스테이지로 옮긴다. 이렇듯 서비스를 산업화하는 것이 현대의 트렌드다.

미용실, 법률회사, 컨설팅, 엔터테인먼트와 같이 '비교적 순수한 서비스'는 고객과의 접촉 시간을 줄일 수 있는 성격의 서비스가 아니기에 노동집약적일 뿐 아니라 생산성 향상이 쉽지 않다.

결론적으로, 서비스업 부문과 제조업 부문을 구분하는 점선보다 프론트 스테이지의 서비스 활동과 백 스테이지의 상품 영역을 구분하는 실선의 의미가 더 분명하다.

우리는 모두 서비스라는 큰 범주 안에 존재하고 있다. 정도의 차이가 있을 뿐이다We are all in services now, more or less.

이는 보몰Baumol의 서비스 카테고리와 일맥상통한다.[2]

- **정체된 서비스**Stagnant services : 의료, 교육, 개인서비스 등. 고객과 함께 있는 시간과 서비스의 품질이 핵심적이기 때문에 생산성을 향상시키기 어렵다. 신기술을 도입하면 서비스의 품질은 향상되나, 생산성은 향상되지 않는다.

- **진보적인 서비스**Progressive services : 통신 서비스 등. 고객과 생산자의 접촉을 줄이고 표준화함으로써, 생산성을 크게 향상시키고 신기술을 적극적으로 도입할 수 있다.

- **점근적으로 정체된 서비스**Asymptotically stagnant services : TV, 라디오, 컴퓨터 서비스 등. 초기 개발 단계에서는 고객서비스와 백 스테이지 활동을 자동화함으로써 생산성을 비약적으로 높이나, 점차 노동집약적인 상호작용이 증가함에 따라 생산성은 감소한다.

프론트 스테이지와 백 스테이지, 두 개의 세상

서비스의 새로운 정의를 뒷받침하기 위해 프론트 스테이지와 백 스테이지의 활동을 비교해보자.

백 스테이지에서의 상품 완성도와 규모

산업혁명에서 대량생산은 두 가지의 기본적인 개념에 기초한다. 하나는 **분업**division of labor 혹은 다른 말로 전문화이고, 또 다른 하나는 표준화 standardization 다. 원자재를 완성품으로 가공하거나, 정보를 처리하는 활동의 결과는 그것이 비록 전자적인 비트의 단위일지라도 유형적이고 측정이 가능하며 구체적이다.

재고로 쌓여있는 원자재, 재공품, 완성품은 모두 수요공급의 불균형과 분업이 낳은 결과물이다. 재고는 현대와 같은 무재고와 JIT Just-In-Time 운영의 시대에서조차도 생산을 평준화시키는 유용한 버퍼로 작용한다.

표준화의 진수는 상품의 특성에 대해 명확한 한계 또는 오차범위를 정의하는 데에 있다. 이 표준 사양에 따라, 원자재의 점검에서부터 최종 테스트까지 변형의 전 과정에서 프로세스와 상품을 제어한다. 무결점이란 표준 사양에서 조금도 벗어나지 않는 것이다. 이 궁극적인 목표를 달성하기 위해서는, 스프레드와 편차를 줄이고 또 줄이는 방법밖에 없다. 편차는 적이다.

결점이 발생한 상품은 다시 제작된다. 그러나 이러한 과정은 고객에게 드러나지 않는다. 전문화와 대량생산을 바탕으로 생산공장은 최종고객과 멀리 떨어진 곳에서 점점 거대화되고 집중화된다.

● 프론트 스테이지에서의 솔루션과 고객 경험

서비스는 형태가 없다. 생산됨과 동시에 소비되기 때문이다. 상품처럼 전시하거나 소유하거나 살 수도 없으며, 특허로 보호받을 수 있는 것도 아니다. 때로는 서비스를 시연하기 위해 어쩔 수 없이 샘플을 제공해야 할 경우도 있다.

이러한 무형의 상호작용을 좀더 유형화할 수 있는 하나의 방법은, 서비스를 잊지 못할 독특한 경험으로 바꾸는 것이다. 가령, 동네슈퍼의 매장에 신나는 음악과 이국적인 장식과 조명이 연극적으로 연출되어 있다면, 쇼핑은 하나의 즐거운 이벤트가 될 수 있다.

고객을 서비스 전달시스템delivery system에 포함시키면 엄청난 불확실성이 유발된다. 일관성도 없고 완전히 예측 불가능한 사람들을 직원들이 상대해야 하기 때문이다. 고객은 결코 수동적이지 않다. 즉각적으로 반응을 나타내는, 통제하기가 너무나 어려운 '원자재' 다. 심지어 서비스가 수행되고 있는 와중에도 마음을 바꿀 수 있다. 고객을 나타내는 단어—즉 사용자, 구독자, 수혜자, 관중, 납세자, 환자, 손님, 방문객—들을 살펴보면 그들이 얼마나 다양한 역할을 수행하고 있는지 엿볼 수 있다. 이래서 표준화는 불가능하지는 않더라도, 아주 어려운 일이다. 각각의 고객은 유일무이하다. 모든 만남 하나하나가 또한 유일무이하다

분업과 전문화는 어떨까? 고객은 좋아하지 않는다. 고객은 처음부터 끝까지 한 직원하고만 상호작용을 하고 싶어한다. 은행에서 고객들은 한 행원만 상대하고 싶어하지, 거래 한 건을 처리하기 위해 여기저기서 줄을 서고 싶어하지 않는다. 또한 사건 하나

를 처리하기 위해 각 분야별 변호사들을 일일이 만나고 싶어하지도 않는다. 그들은 원스톱 쇼핑을 원하고, 중간에 끊임이 없는 상호작용을 원한다. 바로 통합 integration 을 원하는 것이다.

고객은 서비스라는 퍼포먼스에서 중요한 역할을 맡고 있다. 이 역할은 아주 단순하고 반복적인 것일 수도 있고 약간의 노력이 필요한 것일 수도 있는데, 예를 들어 병원에서 진료를 받기 위해 정보를 제공한다거나, 해결방안을 찾는 작업에 참여할 수도 있다. 고객은 서비스 제공자를 가이드하고 조종할 뿐 아니라 심지어 접촉 전이나 후에도 관여할 수 있다. 예를 들어 학생들의 경우 수업 전에는 예습을 하고 수업이 끝나면 숙제를 하듯이 말이다. 따라서 고객은 결과가 어떨지도 모르는 상태에서 마냥 작업과정에 끌려만 다니는 수동적인 '물체' 가 아니라, 서비스의 디자인과 그 서비스의 전달 방식을 개선하도록 도와주는 역할을 한다. 비록 고객의 참여 participation 가 불확실성의 원인이기는 하나, 서비스의 제공방식을 효율적으로 개선하는 데에는 필수불가결한 요소인 것이 사실이다. 이런 측면에서 볼 때, 고객을 일종의 파트타임 직원으로 여기는 것도 무리는 아닐 것이며, '공동생산자 co-producer' 라고 부를 수도 있을 것이다.

서비스는 하나의 퍼포먼스이기 때문에 소유하거나 모으는 것이 불가능하고, 생산과 동시에 소비되어야 한다. 또한 서비스 전달 프로세스 밖에서는 존재하지 않는다. 그러므로 서비스는 창고에 저장할 수 없다. 극장에서 본 공연이나 지난주에 로마로 떠났던 여행을 소유한다는 것은 말도 안 되는 일이다. 소비하지 못한 서비스는 영원히 사라진다. 수요가 수용능력을 초과할 때, 고객은 '저장' 되거나(줄을 서야 하므로) 없어진다. 반대로 수용능력이 수요를 초과할 경우, 수용능력의 일부는 사용되지 않은 채 남아 있을 것이다(병원의 빈 침대, 호텔의 빈 방, 유휴 직원 등). 따라서 공급을 적절히 조절해서 수요에 맞추고 수용능력의 사용을 극대화하는 것이 필수적으로 요구된다.

서비스는 고객 앞에서 단 1회만 열리는 퍼포먼스이기 때문에, 전달되는 바로 그 순간 처음부터 제대로right the first time 해야 한다. 공장에서와는 반대로, 서비스는 한 번 전달되면 끝이다. 다시 수정하거나 개선하기가 어렵다. 서비스를 전달하는 도중에 고객이 눈치채지 않게 서비스 수행을 평가하거나 조절하거나 수정할 수 없다.

게다가 상호작용이 일어나는 동안, 고객이 이 경험을 어떻게 받아들이고 있는지 확인하기도 어렵다. 고객의 인식은 즉각적이고 주관적이며 정성적이다. 서비스를 전달하는 도중에 정말로 뭔가 잘못된다면, 고객은 '수리' 되고 '복구' 되어야 한다. 따라서 백 스테이지의 목표가 무결점zero defects 이라고 한다면, 프론트 스테이지의 목표는 '고객 무이탈zero defection' 이다.

사실 모든 '진실의 순간moment of truth' 은 복수의 상호작용으로 구성되어 있다. 즉, 직원들과 다른 고객들과 그리고 서비스 전달 프로세스와 상호작용으로 구성된다.

고객은 서비스에 대해 전체적인 평가를 내린다. 상호작용의 구성요소가 만족스러울 때마다 고객은 본인 마음속의 '만족도 계좌'에 돈을 입금한다. 하지만 고객의 경험이 기대수준에 못 미치는 매 순간, 이 계좌에서는 돈이 빠져나간다. 더욱 안타까운 사실은 한 번의 인출이 몇 번의 입금과 맞먹고, 심지어 단 한 번의 인출로 전체 경험이 엉망이 될 수도 있는 것이다.

얀 칼슨Jan Carlzon은 자신의 유명한 저서, 『진실의 순간 Moments of Truth』[3]에서 이렇게 말했다.

서비스는 생산과 동시에 소비되기 때문에 고객 가까이에 있어야 한다. 특히 위치가 성공의 핵심요소인 호텔, 레스토랑, 슈퍼는 더욱 그러하다. 서비스에는 중앙집중적인 유통망이란 것이 없다. 서비스를 생산하고 전달하는 것은 지역별로 분산된 조직단위, 즉 영업점, 대리점, 레스토랑 체인 및 상점 등이다. 그러나 온라인 커

뮤니케이션과 콜센터가 등장하면서 고객의 물리적인 출현이 불필
요한 경우가 많이 생겼으며 이에 따라 접근성과 위치 싸움을 통한
경쟁도 조금은 수그러들었다.

● 상품의 판매와 마케팅에서 '경험'의 판매와 마케팅으로

전통적인 4P(상품Product, 가격Price, 판촉Promotion, 장소Place)의 마케팅
믹스가 가지고 있는 근본적인 목표는 새로운 고객을 유치하는 것
이다. 4P의 마케팅믹스는 고객을 개별적인 대우가 필요한 개인으
로 보지 않고, 타깃 세그먼트에 속한 통계적인 단위로 인식하여
매스커뮤니케이션에 의존한다.

산드라 반더머위Sandra Vandemerwe에 따르면[4]

1960년대에는 생산자와 소비자 사이의 관계가 대체로 '거래 중심적Transactional'
이었다. 그런 관계를 만드는 것은 전문 영업사원들이었고, 영업사원들이 할 일은
오로지 많이 파는 것뿐이었다. 1970년대로 접어들면서 '관계중심적relational'인
시장접근이 시작되었다. 마케팅이 발전함에 따라 시장과 고객에 대해 더 잘 이해하
려는 노력이 있었기 때문이다. 1980년대 말, 학자들이 '상호작용적interactive'인
관계의 중요성을 주장하기 시작하면서 회사와 고객 사이에 보다 강력하고 지속적
인 관계 형성이 요구되었다.

최근에는 '일대일one to one' 마케팅과 같은 개념이 등장하면서
상호작용적인 관계를 위한 노력이 더욱 깊어지고 있다. 제조업에
서 상품은 생산된 다음에 팔린다. 서비스에서는 이 순서가 뒤집어

진다. 서비스는 팔린 다음에 생산된다. 따라서 서비스의 판촉은 무형의 '상품' 을 기반으로 한다.

서비스 믹스 The Service Mix

마케팅을 하는 이유 가운데 하나는 고객에게 상품의 존재를 인식시키려는 것이고, 다른 하나는 상품을 사도록 하려는 것이다. 그러나 유형의 상품을 촉진하기 위한 전통적인 마케팅믹스(4P)는 서비스에 맞지 않다.

첫째, 일반적인 미디어를 통해 유형상품을 판촉Promotion 하는 방식보다는, 고객들이 경험을 바탕으로 퍼뜨리는 입소문이 서비스의 판촉에 더 효과적이다. 둘째, 서비스를 전달하는 장소Place 가 곧 생산의 장소다. 가격Price 민감도에서도 차이가 있다. 일반적으로 소비자는 무형의 서비스에 책정되는 가격보다 유형상품에 책정된 가격을 더 편안하게 수용한다. 서비스의 경우, 서비스 수행 결과로서 사용자가 원하는 가치가 무엇인지를 먼저 확인한 후에야 서비스의 생산에 들어갈 수 있다. 마지막으로 서비스는 상품Product, 즉 '예상되는 산출물' 만을 다루는 것이 아니라 '서비스 전달프로세스' 와 '직원들과의 상호작용' 까지 포함해야 한다는 것을 기억해야 한다.

이상의 내용을 반영하기 위해서는, 새로운 2P가 마케팅믹스에 추가되어야 한다. 작업과정Process 과 직원People 이다. 이렇게 6개의 P

가 서비스믹스에 해당된다

마케팅의 역할은 새로운 고객을 유치하는 것만이 아니다. 마케팅은 기존의 고객이 계속해서 재구매를 할 수 있도록 설득하고, 나아가 브랜드의 열정적인 서포터가 될 수 있도록 도와야 한다. 거래중심의 마케팅은 서비스에서 자연스럽게 관계중심의 마케팅으로 바뀐다.

가끔 고객관계의 중요성을 무시하거나 평가절하하는 경우가 있다. 가령, 많은 은행 직원들은 본인들의 역할이 금융상품 판매에 한정되어 있다고 잘못 판단한다. 하지만 그들이 판매하는 것은 관계이자 경험이다. 무엇보다도 고객은 익숙한 시스템 환경과 낯익은 얼굴을 선호한다. 서비스 회사는 직원이 고객과 자주 인격적으로 접촉하고, 고객의 구체적인 니즈에 관심을 기울임으로써 고객에게 높은 가격을 승인 받음과 동시에 강력한 진입장벽을 세울 수 있다.

서비스 삼각형 The service triangle

마케팅은 그러므로 통합된 기능이다. 접촉의 책임은 직원에게 있으며, 직원은 파트타임 마케터가 된다. 상호작용을 하는 동안에 고객과 직원의 이런 접촉은 종종 서비스 삼각형 그림을 이용하여 표현된다(그림 2.4). 회사는 삼각형의 꼭대기에 있으며, 고객과 직원은 동등한 높이에 있다. 직원은 서비스를 수행하고 통제하며 마

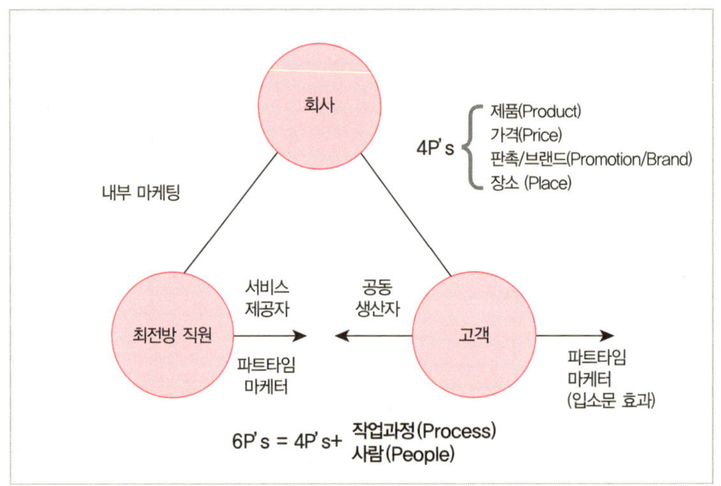

케팅한다. 고객은 서비스의 일부가 되고(공동생산) 서비스를 통제하며 마케팅한다(입소문). 프로세스와 사람(직원과 고객)은 서비스 수행의 핵심요소다.

서비스 회사의 성공은 각각의 고객과 만족스러운 관계를 형성하고 서비스믹스를 활용하는 능력에 달려 있다. 그렇게 함으로써 회사는 고객을 유지할 수 있을 뿐 아니라, 더 많은 서비스를 판매할 수 있게 된다. 이는 매출증대와 비용감소로 이어지는데, 전자는 같은 고객에게 다양한 종류의 서비스를 판매하는(교차판매) 범위의 경제economies of scope를 실현함으로써, 후자는 같은 고객에게 정기적으로 판매하여 비용을 줄이는 관계의 경제economies of relationship를 실현함으로써 가능하다.

서비스를 판촉하는 핵심적인 역할을 맡는 것은 직원들이기 때문에 직원들이 본인의 역할을 정확하게 이해하고, 그 역할을 수행할 의지를 갖는 것이 필수적이다. 이에 시장에서 마케팅을 하기 전에 먼저 해당서비스를 공급할 사람들에게 판매하는 것이 필요하다. 즉, 내부 마케팅internal marketing 을 필요로 하는 것이다. 따라서 새로운 서비스를 알리는 모든 커뮤니케이션 캠페인은 직원들(내부 고객)과 외부 고객들을 동시에 겨냥해야 한다. 제조업체가 유통망에 들이는 노력만큼이나 많은 노력을 내부 마케팅에도 투입할 수 있어야 한다.

결론_ 서로 다르지만 긴밀한 관계

지금까지 프론트 스테이지의 순수한 서비스와 백 스테이지의 순수한 상품을 비교해본 결과, 다음과 같은 차이점들을 발견할 수 있었다(그림 2.5).

프론트 스테이지와 백 스테이지는 전혀 다른 세계다. 생산과정에서 얻은 교훈이 서비스에 도움이 되리라는 법은 없으며, 그 반대의 경우에도 마찬가지다. 보험회사가 규모의 경제를 실현하기 위해 백 스테이지에 많은 투자를 할 수도 있다. 하지만 그러한 노력에 고객과의 상호작용에 대한 고민이 뒤따라오지 않는다면, 비즈니스의 효율성을 상실할 수도 있다.

그러나 프론트 스테이지와 백 스테이지에 차이가 있다고 해서, 그 둘을 분리해야 하는 것은 아니다. 지금까지는 개념정리를 위해 둘을 과장되게 구분하였으나, 현실이 왜곡되어서는 안 된다. 프론트 스테이지와 백 스테이지는 긴밀하게 엮여 있다. 둘은 하나의 동일한 시스템의 일부분이며, 백 스테이지의 활동은 프론트 스테이지를 지원하기 위해 존재한다.

비록 목표가 다르고 이질적이기는 하나, 둘은 반드시 긴밀하게 연결되어 있어야 한다. 이를 위한 다양한 솔루션을 살펴보자.

첫 번째 솔루션은 고객들에게 합리적인 선택을 요구하는 것이다. 포드의 T모델을 기억하는가. "어떤 색이라도 좋아, 검은색이 기만 하다면." 하지만 이러한 접근방식은 고객의 요구가 다양해짐에 따라 실현불가능해지고 있다. 이럴 때 적용하는 두 번째 솔루션은 백 스테이지에게 유연해질 것을 주문하는 것이다. 즉, 백 스테이지에서 좀더 유연한 생산라인과 유연한 작업장과 모듈화된 디자인을 개발하는 것이다.

갈등을 해소하는 또 다른 방법은 한 사람에게 프론트 스테이지와 백 스테이지의 활동을 모두 수행하게 만드는 것이다. 베니하나 레스토랑의 요리사가 주방에서 식탁이 있는 홀로 나온 것처럼, 백 스테이지에 있는 직원을 프론트 스테이지로 올라오게 한다.

어떤 경우에서든, 통합 메커니즘(코디네이션 미팅이나 코디네이션 센터, 마케팅 대책회의 등)을 활용하거나 프론트 스테이지와 백 스테이지를 연결하는 핵심적인 업무 과정들에 집중하는 것도 도움이 된다. 비핵심 영역의 생산활동을 아웃소싱하면 백 스테이지에 일정 부분 유연성을 확보할 수 있다. 하지만 프론트 스테이지의 활동을 아웃소싱하거나 파트너십을 가져가야겠다는 생각이 들면, 잭 웰치[5]의 가장 중요한 비즈니스 법칙을 기억하자. "당신과 당신 고객 사이에 그 누구도 끼어들게 하지 마라. 고객과의 관계는 만들기가 너무나 어렵고 잃기에는 너무나 아까운 것이다."

이제 서비스의 정의가 명확해진 것으로 보인다. 다음 장을 통해 이러한 정의가 얼마나 실용적이고 적용 가능한지 확인해보자.

SERVICE IS FRONT STAGE

서비스를 하지 않는 비즈니스는 없다.
정도의 차이가 있을 뿐이다!

CHAPTER 3

서비스 삼각형

THE SERVICE TRIANGLE

앞장에서 비즈니스의 두 가지 활동을 설명하였다. 하나는 상품을 제작하는 백 스테이지의 활동이며, 다른 하나는 직원과 고객이 '상호작용' 하는, 혹은 '서비스를 제공' 하는 프론트 스테이지의 활동이다. 비즈니스는 이 두 가지의 서로 다른 활동들이 하나로 통합될 때 비로소 가능하다.

비즈니스는 거래 중심에서 관계 중심으로 진화한다

비즈니스가 상품의 우수성이나 생산성에만 초점을 맞추게 될 경우, 프론트 스테이지의 활동이 상품의 유통 정도로 치부될 위험이 있다. 〈그림 3.1〉은 이와 같은 거래 중심의 접근을 마케팅 믹스를 활용하여 도식화한 모습이다. 상품은 채널을 통해 시장으로 밀려 나가거나, 고객에 의해 끌어당겨진다. 여기서 상품이란 물리적으로 측정 가능한 사물이므로, '원가에다 가산cost plus' 하는 방식으

[그림 3.1] 거래 중심의 접근법

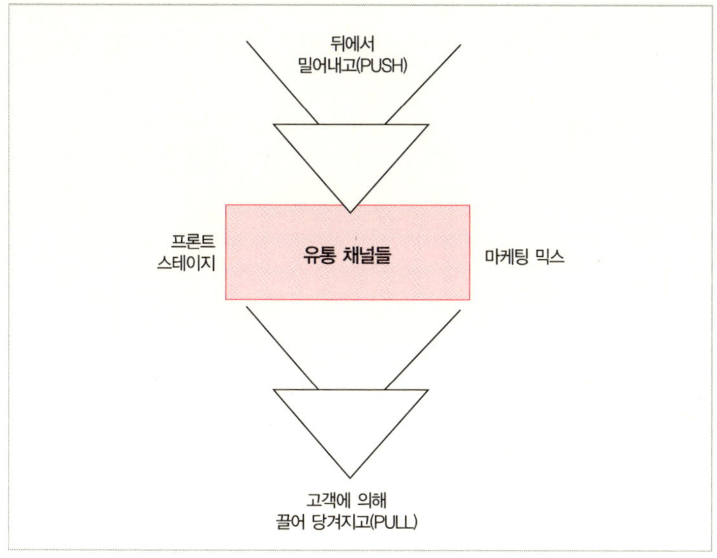

로 가격을 산정하는 것이 일반적이다.

〈그림 3.2〉의 서비스 삼각형은 거래 중심의 접근을 두 가지로 표현한다. 하나는 회사와 고객의 접촉이다. 이는 상품 마케팅을 통해 실현된다. 다른 하나는 고객과 직원 사이의 접촉이다. 이는 영업, 지역 마케팅, 프로모션 행사 등을 통해 이루어진다.초점이 서비스에 맞추어져 있는 경우, 고객과 직원 사이의 관계가 두드러 진다(그림 3.3).

고객을 상대하는 직원은 서비스를 수행하는 동시에 마케팅한다. 회사는 광고, 연설, 브로슈어, 뉴스레터 등 갖가지 수단과 방법으로 고객에게 접근하지만, 결국 고객에게 직접 서비스를 전달하고

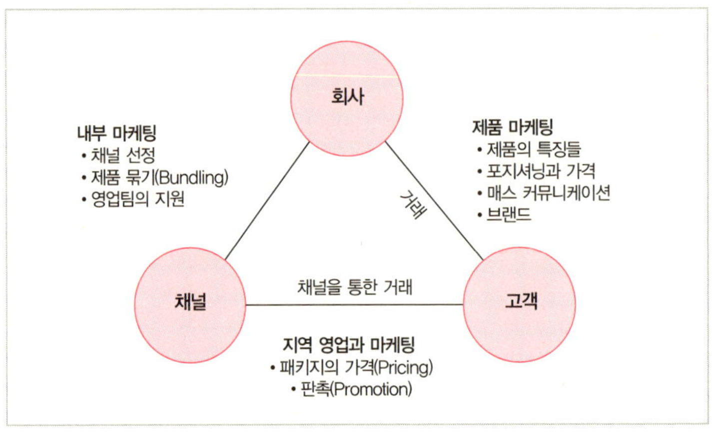

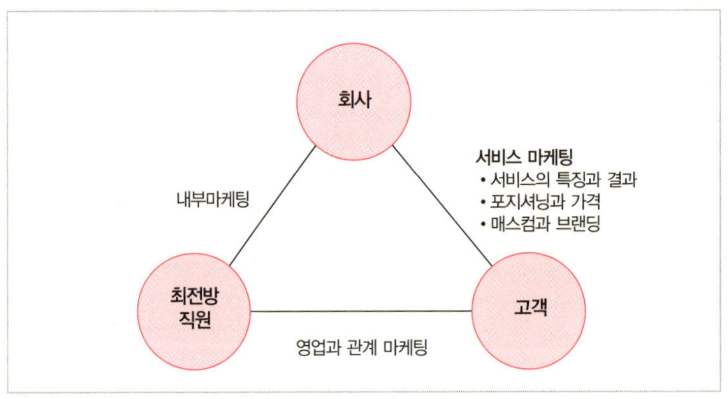

그 가치를 경험하게 하는 것은 회사가 아니라 최전방 직원들이다.

B2B의 맥락에서 보면, 단순한 상품을 사고파는 활동은 보통 구매팀와 영업팀 사이에서 이루어진다. 두 팀은 각각 회사를 대신하여 거래를 하는데, 이때 이루어지는 커뮤니케이션 유형을 '나비

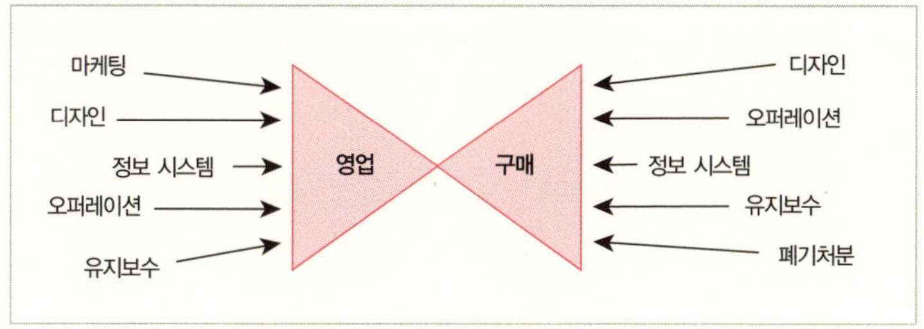

넥타이bow tie’ 관계라고 할 수 있다(그림 3.4).

단순한 상품의 영업은 계약이 체결되는 순간 종결된다. 그러나 복잡한 상품이나 서비스 등의 영업은 사전영업 단계에서부터 판매 후 경험까지를 포함한다. 훨씬 더 많은 인력이 구매 전부터 구매, 그리고 구매 후까지의 전 과정에 참여하게 되는 것이다. 영업팀과 구매팀 사이의 접촉점이 많아지는 모습은 다음과 같이 ‘다이아몬드’ 관계로 표현할 수 있다(그림 3.5).

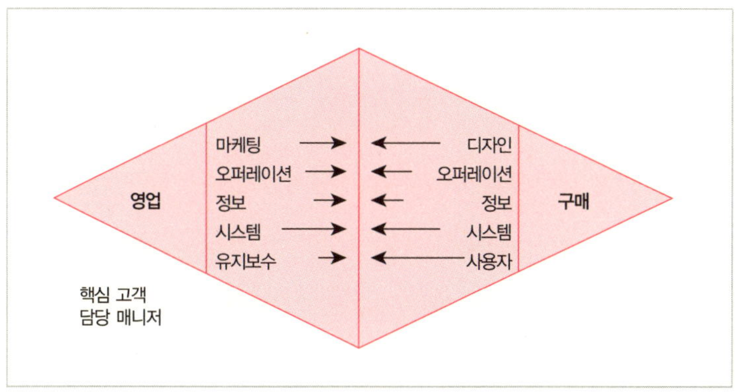

　　B2B 거래에서 상품을 판매하고 서비스를 제공하는 활동은 두 조직 구성원들 사이의 복잡하고 다양한 상호작용을 수반한다. 이에 영업팀의 기업고객 담당 매니저는 본인이 맡고 있는 영업팀과 고객 구매팀 간의 커뮤니케이션을 꾸준히 관리하고 분석해야 한다. 그리고 고객사의 주요 이해관계자들(처음 요건을 발의한 사람, 요건을 지지하는 임원, 판단에 영향을 주는 사람, 구매를 결정하는 사람, 계약 문건을 구체화하는 사람, 구매 실무자, 실사용자 등)의 다양한 역할과 책임에 대해서도 면밀히 파악해야 한다. 즉, 프론트 스테이지에서 서비스 측면의 역할이 늘어나야 하는 것이다.

　　비즈니스는 거래 중심에서 관계 중심으로 다음과 같이 진화한다.

[그림 3.6] 단순한 상품의 판매

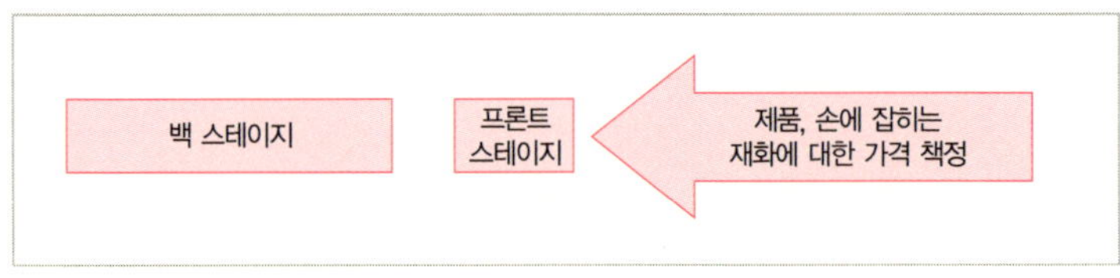

　　마케팅믹스에서 상품의 의미는 분명하다.

　　만약 유지보수, 여행, 금융거래 등에서와 같이 서비스의 결과가 어떠할지를 정확하게 예측할 수 있다면, 초점은 점차 서비스믹스의 물리적이고 측정 가능한 요소(소요된 시간, 사용된 기술의 등급, 상호작용의 집중도, 문서 등)에 맞춰지게 된다.

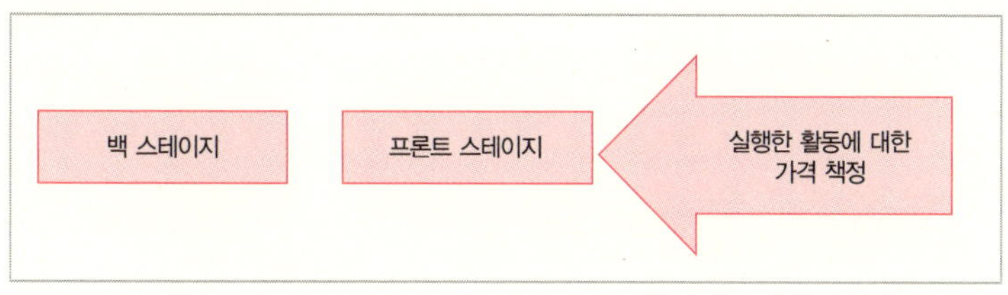

영리한 보일러공에 관한 우화[1]는 활동에 가격을 매기는 것과, 결과에 가격을 매기는 것의 차이점을 잘 설명해준다. 한 보일러공이 기선의 고장 난 보일러를 고치기 위해 고용되었다. 보일러공은 기선 엔지니어들로부터 상황설명을 듣고, 몇 가지 질문을 한 뒤 보일러실로 향했다. 보일러 앞에 선 그는 파이프 개수를 세고, 보일러에서 나는 소리도 들어보고, 또 파이프 몇 개는 직접 손으로 만져보더니 공구함에서 작은 망치를 꺼냈다. 망치로 빨간색 밸브 하나를 몇 번 두드린 순간, 고장 났던 보일러가 완벽하게 다시 구동하기 시작했고, 보일러공은 집으로 돌아갔다.

며칠 후, 기선의 주인은 보일러공으로부터 청구서를 받아보고는 화가 치밀었다. 보일러공이 보일러실에서 작업한 시간은 고작 15분이었는데, 청구한 요금은 1,000달러였던 것이다. 보일러공이 보낸 청구서의 상세내역은 다음과 같았다.

망치를 두드린 비용	$1
어디를 두드릴지 안 비용	$999
	$1,000

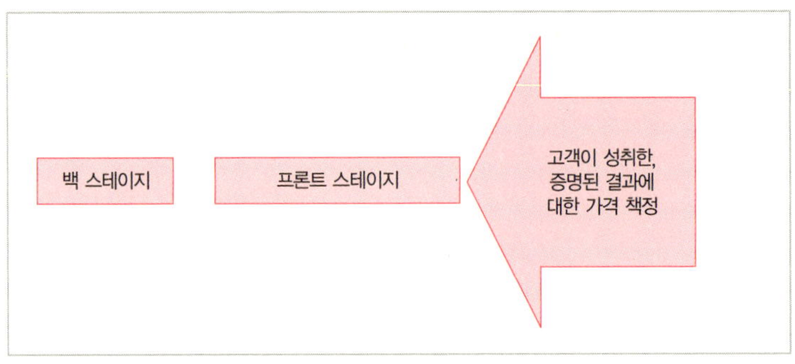

보일러공의 우화가 주는 가르침은, 컨설턴트는 고객의 변형에 집중해야 한다는 것이다. 그것은 곧 서비스의 결과와 솔루션의 구축에 집중하는 것이고, 대량의 문서와 휘황찬란한 파워포인트 발표에 들이는 시간을 줄이는 것을 의미한다. 법률회사나 변호사들의 성공불 법칙no win, no fee 정책도 같은 맥락이다. 중요한 것은 고객이 느끼는 가치, 즉 서비스의 결과다.

이중 파트너십 문화

관계를 관리한다는 것은 이중 파트너십dual-partnership 문화를 형성함을 의미한다. 두 파트너란 한쪽에 있는 최전방의 직원과 다른 한쪽의 고객을 말한다. 리츠칼튼Ritz-Carlton 호텔에서 신사와 숙녀에게 서비스를 제공하는 사람들 역시 신사와 숙녀들이다.

두 파트너는 동등한 자격을 가지고 있다. 직원 생각하기를 고객처럼 하고, 고객 생각하기를 직원처럼 해야 한다. "고객을 대하듯 직원을 대하라"는 말은 고객이나 직원이 모두 가치가 전달되는 작업과정의 일부를 구성하고 있음을 의미한다. 직원과 고객은 주의를 기울여야 할 인간적인 니즈를 가지고 있다.

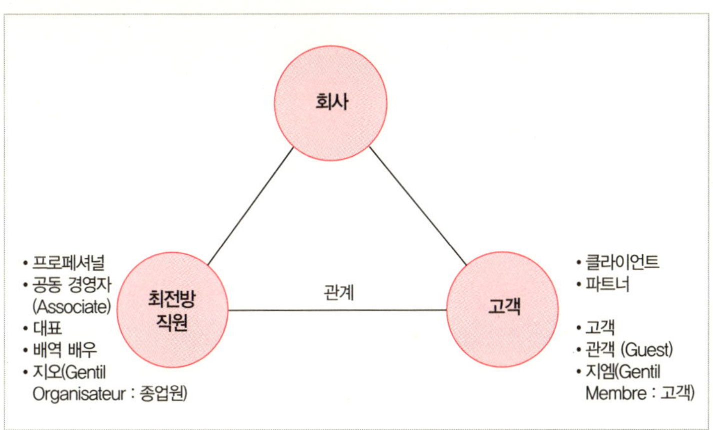

이러한 이중 파트너십의 문화를 가장 잘 표현하는 방법은 각각의 역할을 비교해보는 것이다.

고객 개개인의 요구를 일일이 다 챙기기란 불가능하다. 단, 고객이 능동적으로 서비스에 참여한다면, 그리하여 고객이 원하는 방식으로 고객의 취향과 리듬에 따라 서비스를 함께 생산할 수 있다면, 고객의 요구는 충족될 수 있다. 의외로 고객은 자신이 서비스회사에 고용된 것처럼 보이는 상황에도 돈을 지불하는데, 그 대

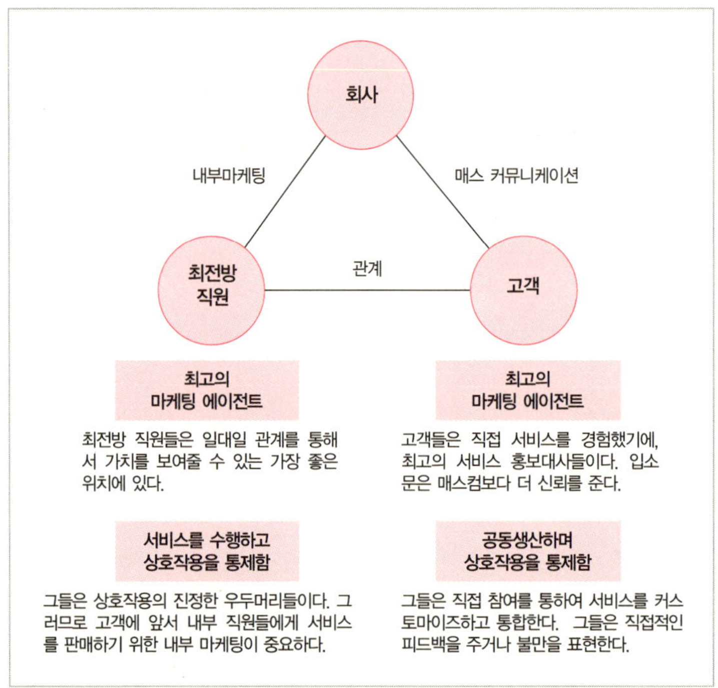

가로 본인에게 최적화된 서비스가 돌아온다는 것을 알기 때문이다. 고객들은 반응속도가 빠르고, 정보나 지식에 대한 접근성이 높은 시스템이 만들어질 것으로 기대한다.

이베이eBay는 고객의 참여가 상호작용을 어떻게 통제하는지 보여주는 좋은 예다. 이베이에 등록하면, 이베이는 피드백 프로파일이라는 것을 만들어준다. 다른 사용자에게 내 물건을 팔거나 사면, 나와 거래한 사용자는 나의 상품이나 서비스에 대한 피드백을

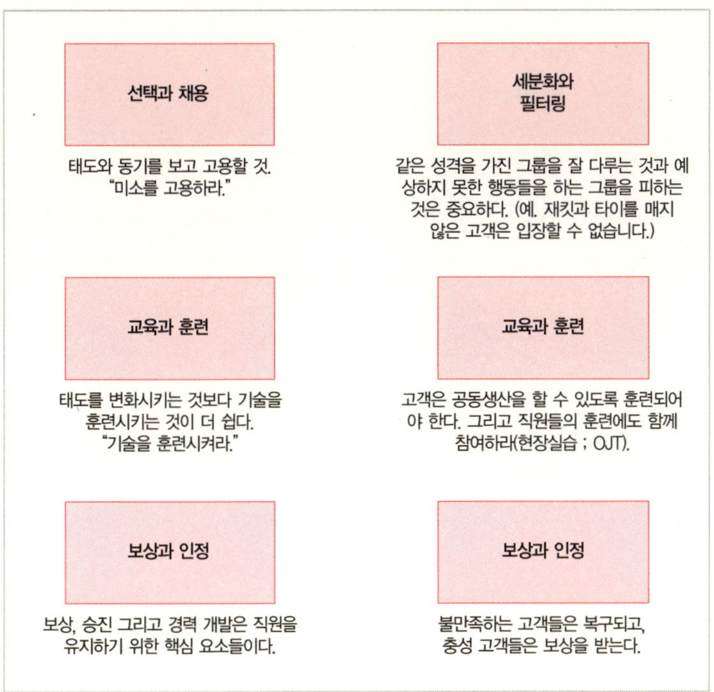

보내며, 그 피드백은 피드백 프로파일에 차곡차곡 담긴다. 이러한 피드백은 좋을 수도 있고 나쁠 수도 있는데, 내가 적절하게 처신하도록 견제하는 효과가 있다. 즉, 고객으로 고객을 통제하는 것이다.

이중 파트너십 문화는 마케팅과 서비스 전달뿐 아니라, 인사, 교육, 보상 등의 경영관리 정책으로도 확장이 가능하다.

피라미드를 거꾸로 뒤집어라

서비스를 수행하는 것은 최전방 직원들이다. 프론트 스테이지에서 직원들은 고객과의 관계에 대한 통제권을 상당 부분 가지고 있다. 마치 그라운드 위의 축구선수처럼 직원들은 프론트 스테이지에서 고객과의 상호작용이라는 게임을 직접 플레이한다. 감독은 경기 중에는 그라운드 옆에 있고 훈련 중에는 무대 뒤에 있을 뿐이다.

권력이 프론트 스테이지 선수들의 손아귀에 있음을 인식하려면, 전통적인 계층적 피라미드는 거꾸로 뒤집어져야 한다. 물론 매니저는 여전히 직원들의 목표를 설정하고 역할과 책임을 결정

[그림 3.12] 매니저의 이중 역할

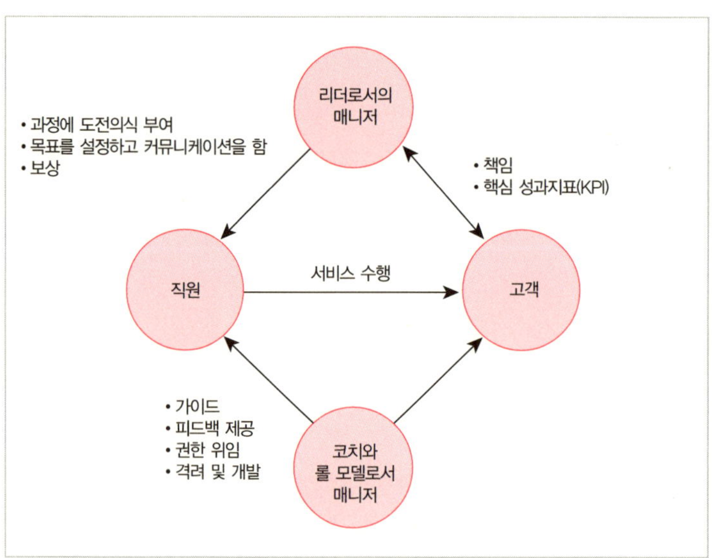

해야 할 것이다. 하지만 그들은 그라운드 뒤편의 감독이 되어야 한다. 감독으로서 선수들에게 권한을 위임하고 가이드하고 지원하고 격려하고 보상해야 한다.

서비스-이익 사슬service-profit chain

서비스-이익 사슬service-profit chain 은 수익성과 고객 만족도 그리고 직원 만족도를 연결한다. 제임스 헤스켓James Heskett[2]이 개발한 본 개념을 도식화하면 다음과 같다.

[그림 3.13] 서비스-이익 사슬

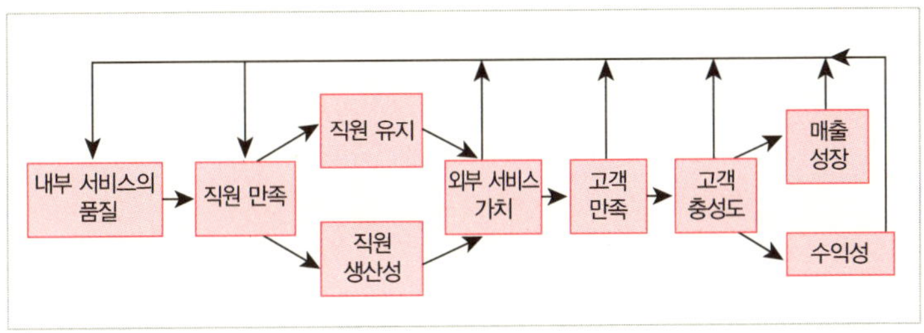

적절한 관리와 내부지원은 직원의 만족으로 이어진다. 직원의 만족은 고객의 충성도와 사업의 수익성을 높인다. 이러한 일련의 작용을 서비스 삼각형 위에 대입하면 세 꼭지점, 즉 회사와 고객과 직원이 새롭게 연결되는데. 그 결과는 다음과 같다.

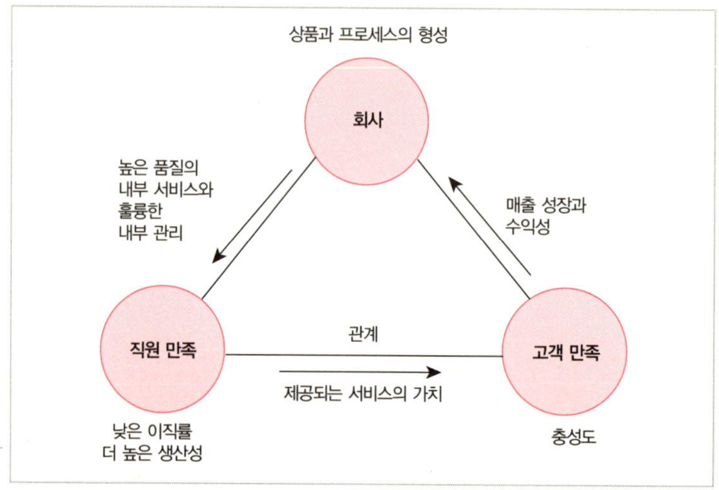

고객과 직원의 만족에 기반한 서비스-이익 사슬은 자연스레 이중 파트너십 문화를 강화한다. 구체적으로 풀어보자.

- 고품질의 내부 서비스와 적절한 내부관리는 직원들의 만족도에 깊은 영향을 주어서 결과적으로 낮은 이직률 수준 그리고 직원 보존으로 이어진다.

- 내부 서비스는 근무환경 디자인, 직원의 채용과 개발, 경영 스타일, 정책, 절차, 정보시스템, 내부 커뮤니케이션, 보상과 표창 등과 연관되어 있다

- 높은 이직률의 진정한 손실은 반복되는 고용과 교육 비용이 아니다. 고객과의 관계가 흔들림으로써 발생하는 생산성과

고객만족도의 감소다.

- 회사생활이 만족스러운 직원은 고객도 만족시킨다.

- 고객 만족은 고객 충성도와 (장기간에 걸친 지속적인 매출과 교차
  판매 등) 주변에 권유하는 빈도수를 높임으로써 매출과 수익
  성의 향상을 가져온다. 특히 B2B 비즈니스에서 입소문은 매
  우 효과적이다.

서비스 삼각형에서의 파워플레이

만약 상품, 영업방법론, 정책 등이 톱다운 top down 방식으로 결정되
고 영업 최전방에 배포된다면, 직원들은 주인의식이 약해지고 고
객 응대에 소극적으로 변할 위험이 있다. 고객이 마음을 정하는
그 결정적인 순간을 관장하는 주인은 회사가 아니라 고객을 상대
하는 직원들이다. 그들의 자유로운 의지와 판단이, 고객이 상품과
서비스를 받아들이는 상황을 좌우하는 것이다. 따라서 상품이나
작업과정을 제작하고 개선하는 모든 과정에 최전방의 직원들이
개입되어야 한다. 이들이 바로 마지막 순간에 고객을 만족시켜야
할 당사자들이기 때문이다.

　서비스가 전문화될수록 회사는 대고객 직원들 개개인의 스킬
과 노하우에 의지하게 되므로, 직원들을 일관된 규범과 규칙으로
관리하는 것은 점점 어려운 일이 된다.

오히려 직원들이 점점 자율적으로 변해감에 따라, 그들은 스스로의 경쟁력을 기반으로 회사로부터 더 큰 독립과 자유를 얻고, 경영진과 고객들에게 더욱 큰 영향력을 행사하려 들 가능성이 있다.

고객 또한 회사나 직원과의 관계에서 일정한 주도권을 행사한다. 상품을 처음 사는 것도, 재구입하거나 입소문을 내는 것도 결국 고객이다. 예를 들어, 의사가 모든 상황을 완벽히 통제하는 경우보다는 환자가 치료 과정에 적절히 개입할 수 있을 때 환자들의 만족도가 더 높다는 사실은 이미 널리 알려져 있다.

[그림 3.15] 서비스 삼각형에서의 파워플레이

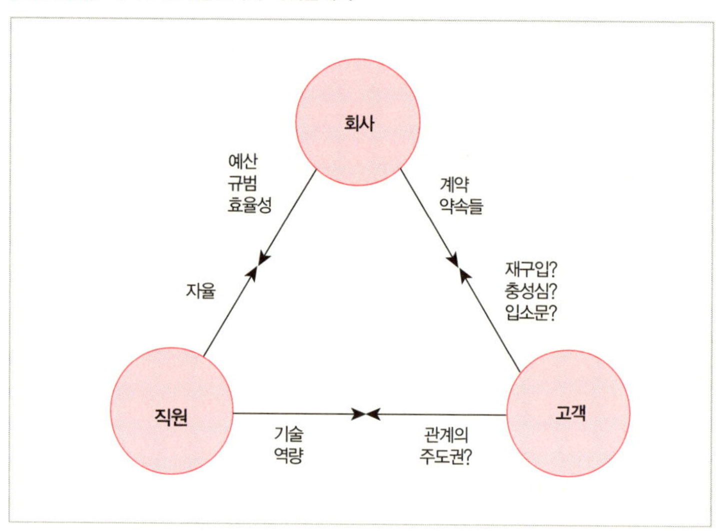

JAMES TEBOUL
SERVICE IS FRONT STAGE

결론_ 거래에서 관계로, 마케팅믹스는 서비스믹스로

서비스를 하지 않는 비즈니스는 없다. 정도의 차이가 있을 뿐이다 서비스에 비중을 높이면 높일수록 비즈니스는 거래에서 관계로 바뀌고, 마케팅믹스는 서비스믹스로 변화한다.

이러한 이중 파트너십 문화에서 직원과 고객은 대칭적인 역할을 수행한다.

서비스–집중도 매트릭스는 어떤 형태의 서비스에서도
활용 가능한 강력한 도구다!

CHAPTER 4

서비스–집중도 매트릭스

THE SERVICE-INTENSITY MATRIX

서비스믹스는 한 쪽에는 '상품product' 그리고 다른 한 쪽에는 작업 과정process 및 사람people을 결합하는데, 결과물과 상호작용이라는 이 두 가지 자연스런 관점을 축으로 해서 서비스–집중도 매트릭스를 형성할 수 있다.

[그림 4.1] 서비스–집중도 매트릭스

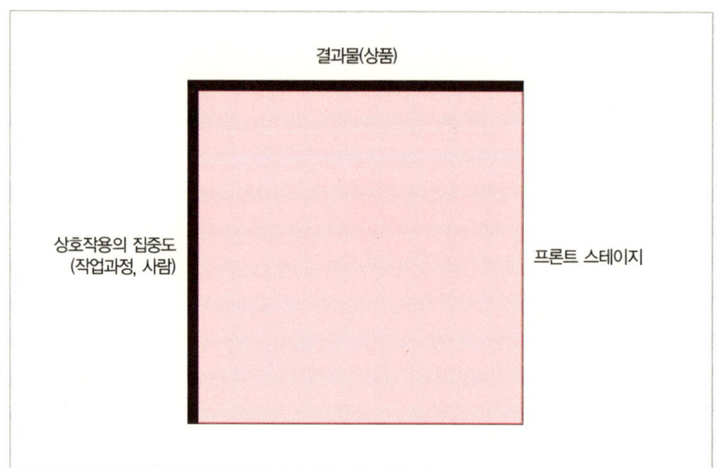

상품/결과물 관점_상품은 생명주기가 있다

고객이 서비스를 구매할 때 가장 중요하게 생각하는 것은 서비스의 결과다. 이를 '상품'의 관점이라고 하자.

상품의 생명주기를 보면, 상품은 시장에 도입된 이후 성숙기를 거쳐 반드시 쇠퇴기를 맞이한다. 즉, 새로 출시된 상품은 참신하고 시장의 다양한 요구에 맞추어져 있으며 희소성이 있다. 그러나 대량생산을 하게 되면 그 참신하던 상품은 점점 식상해진다. 스티브 잡스Steve Jobs는 자신의 첫 PC를 본인의 집안 차고에서 만들었다. 오늘날 우리는 어디서나 컴퓨터를 구입할 수 있다. 또한 새로운 금융 서비스는 시장에서 성공을 거둠과 동시에 경쟁사에 복제당하고 일반화된다. 이러한 과정이 매트릭스의 '상품' 축이다. 한쪽 끝에서는 서비스 상품이 독특하고 개별적인 고객의 요구에 따라 다양하게 맞춤형으로 꾸며진다. 다른 끝에서는 서비스가 판에 박힌 듯하고 고객에게 잘 알려져 있으며 시장에 표준화되어 있다. 니치niche 마켓에서 출발한 산업도 결국 일용상품 산업으로 변화하고 만다. 즉, 일용상품화commoditization는 혁신과 재창조를 하지 않는 모든 비즈니스 활동의 운명이다.

[그림 4.2] 상품 관점

상품/결과물 관점

←———————————————————————————————————————→

다양하고, 개별요구에 맞춰지고 확장된 서비스나 솔루션(예 : 복잡한 금융 거래)　　　　제한적이고 표준화된 서비스나 솔루션(예 : 단순한 대출)

이러한 변화를 지연시키는 방법은, 상품을 정기적으로 재설계하는 것이다. 호텔들은 주기적으로 인테리어 디자인과 가구 등을 바꿔줌으로써 시장에서의 포지션을 관리한다.

상호작용의 집중도를 낮추면 생산성을 높일 수 있다

법률회사나 병원과 같은 고밀착 서비스 업종에서는 전문직 종사자들이 적극적으로 고객의 경험에 관여하며, 고객은 수동적으로 서비스를 수용한다. 이와 반대로, 패스트푸드점이나 은행과 같은 저밀착 서비스 업종에서는 고객이 스스로 해야 할 일을 잘 알고 있기 때문에 직원이 관여할 일이 상대적으로 적다.

[그림 4.3] 상호작용의 집중도

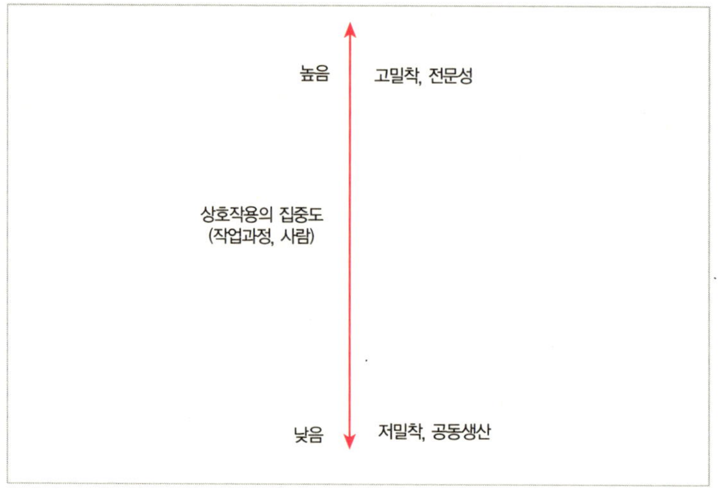

생산성을 높이기 위해 프론트 스테이지에서 할 수 있는 몇 가지 일 중 하나는 상호작용의 집중도와 시간을 줄이는 것이다.

하지만 이는 고밀착 서비스 업종에는 적절하지 않을 수도 있다. 헤어 디자이너가 고객 회전율을 높이기 위해 고객의 머리를 빨리 자를 필요가 있을까? 고객은 오히려 이렇게 한 마디 던질 것이다. "이왕 자르는 거, 천천히 스타일 잘 살려주세요!" 상호작용의 집중도를 낮추려면 차라리 저임금의 직원이 전문 디자이너의 조수가 되어 고객의 머리를 감겨주는 등의 잔일을 돕는 것이 나을 수 있다. 아니면 고객이 서비스에 참여하도록 하는 것도 가능한 옵션이다. 즉, 고객이 스스로 머리를 감게 하는 것이다. 이러한 서비스 방식을 '공동생산co-production' 혹은 '셀프 서비스self-service'라고 한다.

따라서 상호작용의 집중도를 낮추는 좋은 방법은 작업과정의 축(고객 회전율, 상호작용의 단순화)과 사람의 축(전문성을 지렛대로 활용, 공동생산)을 이용하는 것이다.

전문가에게 직접 서비스를 받는 것과 전화 서비스를 이용하는 것, 그리고 홈페이지를 방문하는 것은 비용에 큰 차이가 있다. 최신 기술을 도입해서 작업과정을 자동화할 수 있을 것이다. 은행의 ATM 기기나 슈퍼마켓의 바코드 스캐너가 그 예다. 이런 경우는 대부분, 고객 스스로가 경험과 전문성을 갖추고 서비스에 참여할 수 있어야만 실현 가능하다.

서비스-집중도 매트릭스의 이점

서비스-집중도 매트릭스는 결과와 집중도의 두 축으로 구성된다. 이는 동종업계에서 서비스를 포지셔닝하는 데에 무척 유용하다. 서비스는 고객별맞춤과 높은 상호작용이 상관관계를 맺는 지점(매트릭스 좌측 상단)에서부터, 표준화와 낮은 상호작용이 상관관계를 맺는 지점(매트릭스 우측 하단)으로 하향 대각선을 그리며 이동할 것으로 생각된다.

[그림 4.4] 서비스-집중도 매트릭스

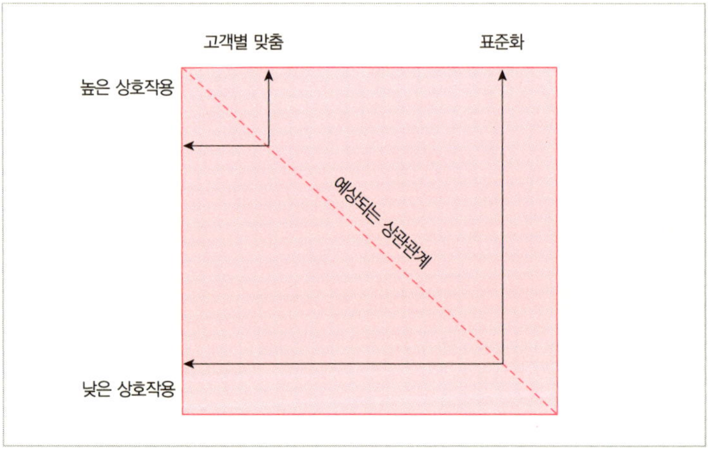

호텔 비즈니스에서의 사례를 보자. 어코어 그룹Accor Group이 소유하고 있는 다양한 호텔 브랜드들의 포지션이 매트릭스의 대각선 상에 보기 좋게 펼쳐진다. 각 호텔의 평균 숙박비가 일정한 비율로 줄어들고 있다.

[그림 4.5] 어코어 그룹의 호텔들

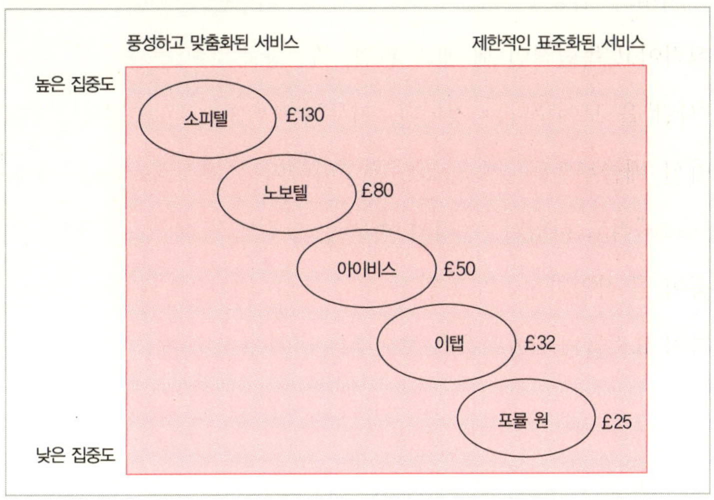

　　상호작용의 집중도는 방 한 개당 직원 수를 통해서도 측정이 가능하다. 매리어트 호텔Marriott hotel 의 경우를 보자.

[그림 4.6] 매리어트 호텔

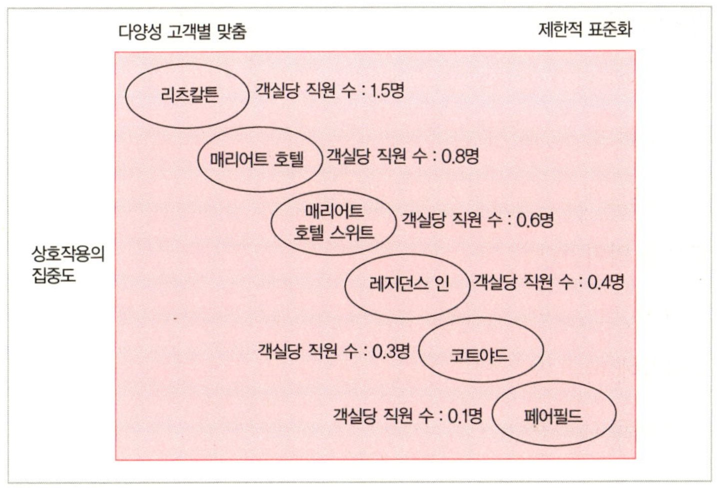

서비스-집중도 매트릭스의 가장 큰 이점은, 서비스믹스의 핵심적이고 독립적인 세 개의 관점, 즉 '상품', '작업과정' 그리고 '사람'을 보여준다는 것이다. 커뮤니케이션 이론가이자 작가인 마셜 매클루언Marshall McLuhan[1]은 "미디어는 메시지the medium is the message"라고 하였다. 우리의 경우에는, 작업과정이 상품이며, 상품이 곧 작업과정이라고 말할 수 있겠다. 하나의 그림에서 이 세 가지 요소들의 상호작용을 보여주는 것이 중요하다.

백 스테이지의 제품/작업과정 매트릭스_어느 산업에나 응용 가능하다

밥 헤이스Bob Hayes와 스티브 휠라이트Steve Wheelwright[2]의 제품/작업과정 매트릭스를 보면 백 스테이지의 생산성에 대해 명료하게 설명되어 있다. 그것을 좀더 단순화시킨 〈그림 4.7〉을 보자. 가로축은 상품이 처음 출시되었을 때의 고객별 맞춤식 형태에서부터 일용상품화되는 원숙한 단계로의 일반적인 진화를 의미한다. 세로축은 프로젝트, 작업장 단위 및 간헐(뱃치) 생산, 라인 생산, 연속생산을 의미한다.

한 번 더 짚고 넘어가면, 상품이 대량으로 생산되고 일용상품이 되어감에 따라 상품의 포지션은 매트릭스 상의 대각선을 타고 우측 아래로 내려간다.

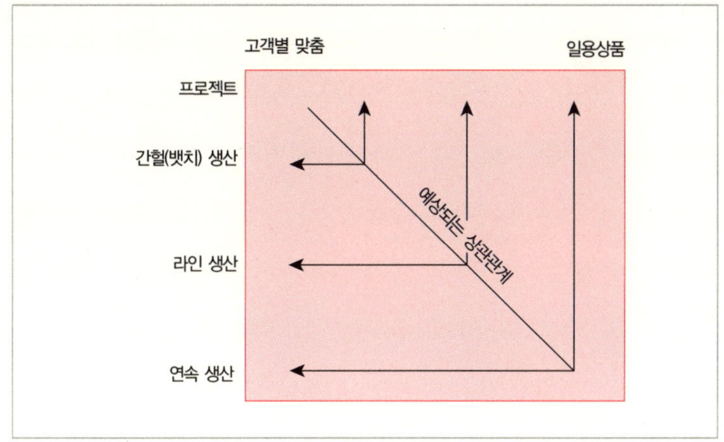

고객별 맞춤형 상품이나 작은 규모의 시리즈 상품 등은 비슷한 종류의 작업들이 기능별로 같이 묶여 있는 작업장에서 제작된다. 이러한 기능적 조직functional organization은 프린트숍, 가내수공업, 전통 레스토랑의 주방에서 찾아볼 수 있다(그림 4.8).

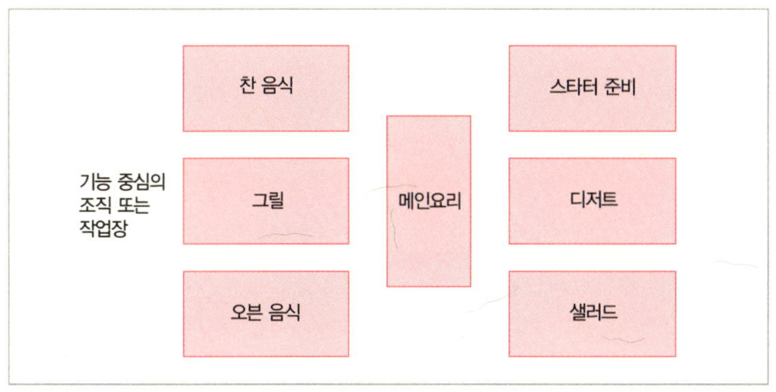

기능적 조직의 가장 큰 이점은 유연함이다. 전통 레스토랑에서는 고객의 요구에 따라 다양한 종류의 음식이 코스별로 따로따로 제공된다. 그러나 조금이라도 주문량이 늘면 스케줄을 짜거나 병목현상을 해결해야 하는 이슈가 발생하면서, 백 스테이지에서의 유연성은 곧 악몽이 된다. 수용능력의 가동률이 낮기 때문에 비용은 높고, 숙련된 기술자들은 몸값이 너무 비싸다.

상품이 표준화되어 감에 따라 유연성의 필요가 줄어든다. 작업순서는 생산 라인에 따라 고정되어 있다. 수용능력의 활용도가 극적으로 개선되는 동시에 생산의 흐름이 규칙적으로 바뀌고, 스케줄링 또한 상당히 단순해진다. 그리고 점점 더 많은 양의 표준화된 상품이 대량생산된다.

[그림 4.9] 패스트푸드 생산라인

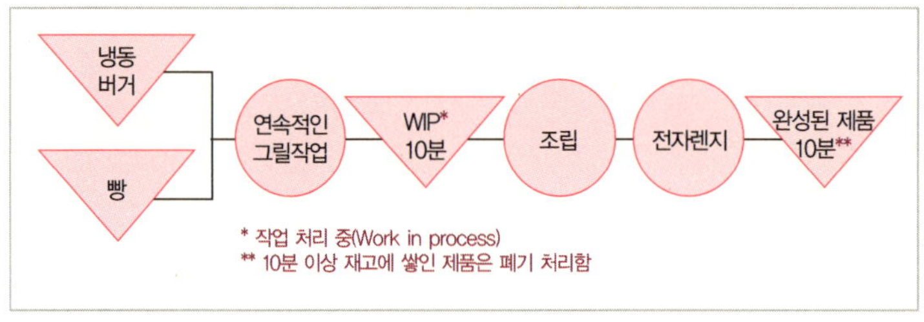

대각선의 마지막 지점은 모든 산업 엔지니어들의 꿈인 연속생산의 단계continuous flow 다(그림 4.7). 대형 생산 시설에 크게 투자하는 것은 규모의 경제를 야기한다. 강철, 종이, 판유리와 같은 표준 상품은 엄격한 작업과정에 따라 연속적으로 생산된다. 그러나 상품이 점점 더 표준화되어 가면 갈수록 차별화 요소는 가격밖에 남지 않으며, 잔혹한 악순환이 시작된다. 즉, 가격 인하는 원가 축소와 규모의 경제를 일으킨다. 규모의 경제는 보다 큰 생산능력을 갖게 한다. 보다 큰 생산능력을 갖췄다는 것은 곧 더 많이 팔아야 한다는 뜻이며, 더 많은 매출을 위해서는 가격을 낮춰야 하고, 또다시 원가를 줄이고 생산능력을 키워야 한다는 의미다.

이런 잔인한 악순환에서 벗어날 수 있는 하나의 방법은 상품을 고객별 맞춤형으로 전환하고, 서비스가 더 많이 포함된 솔루션을 파는 것이다. 따라서 백 스테이지의 작업과 생산라인은 더욱 유연해져야 한다. 지금은 자동차의 최종 생산라인에서 한 가지 차종만 생산되던 시대는 아닌 것이다.

매스 커스토마이제이션은 디자인을 모듈화하거나 차별화를 지연함으로써 가능하다. 하나의 PC는 디스크, 회로 기판, 소프트웨어 등의 표준화된 모듈을 조립해서 만들어진다. 자동차의 플랫폼은 동일한 브랜드 내에서 다양한 모델에 사용되며, 가능한 한 오랫동안 표준을 유지한다. 즉, 생산라인 상에서 상품이 차별화되는 순간을 가능한 한 늦추는 것이다.

이러한 분석은 어떠한 백 스테이지의 작업에도 적용 가능하다. 은행은 자동화된 후방지원센터를 통해 사실상 무한한 숫자의 거래를, 무시할 수 있을 정도의 적은 비용으로 서비스할 수 있도록 지원한다. IT산업이 몰고 온 유연성을 통해 자동대출, 카드업무

[그림 4.10] 백 스테이지의 유연성

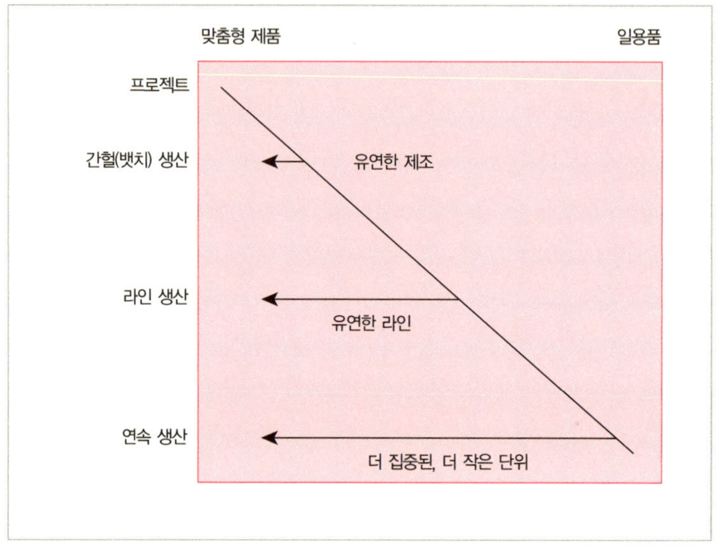

등 은행 고유의 업무를 고객별 니즈에 맞게 서비스할 수 있는 어플리케이션application을 구축할 수 있게 된 것이다. 그러나 생산라인의 관점에서 봤을 때, 이러한 막대한 양의 정보처리는 여전히 경직된 측면이 없지 않다. 기업금융이나 개인금융은 작업장 형태나 기능적인 조직 형태로, 더욱 유연한 작업과정에 의존할 수밖에 없을 것이다.

작업이 어느 정도 표준화되면, 지역적으로 아웃소싱하는 것도 생각해볼 수 있다(역내, 온쇼어onshore). 상호작용의 복잡성이나 지역 정보의 중요성 때문에 프론트 스테이지에 더 가까이 위치하는 것이 중요할 경우에 택할 수 있는 방안이다.

지역적인 제한이나 프론트 스테이지의 특정 요건 때문이 아니라면, 백 스테이지의 활동은 전 세계 어디로든 역외로 이전(오프쇼어링offshoring)될 수 있다. 예를 들어, 항공사는 매출채권의 회수 기능을 인도로 옮길 수 있다.

후선 업무들을 처리하는 장소를 바꾸는 것은 새로운 발상이 아니다. 통신 대역폭bandwidth의 비용과 원거리통신 비용이 낮아짐으로써 아주 멀리 떨어져 있는 임금이 가장 싼 지역에서도 오프쇼어링이 가능하게 된 것이다.

서비스-집중도 매트릭스와 제품/작업과정 매트릭스는 어떤 산업에나 응용할 수 있는 유용한 도구다. 이어지는 예시들을 통해 더 구체적으로 살펴보자.

레스토랑 산업에서의 포지셔닝_ 베니하나 레스토랑

가장 대표적인 예가 레스토랑 산업이다. 〈그림 4.11〉을 보면 각 매트릭스에 레스토랑 비즈니스가 포지셔닝되어 있다.

고급 레스토랑을 보자. 여기서는 온갖 다양한 메뉴를 고급스럽게 차리고, 여러 명의 전문 웨이터들이 고강도의 상호작용을 하며, 다양한 메뉴가 고객을 위해 맞춤형으로 준비되어 있다. 이런 비즈니스에 반드시 필요한 유연성을 담보하기 위해 주방은 작업장 모델에 따라 운영된다. 요리를 위한 다양한 형태의 준비물들이

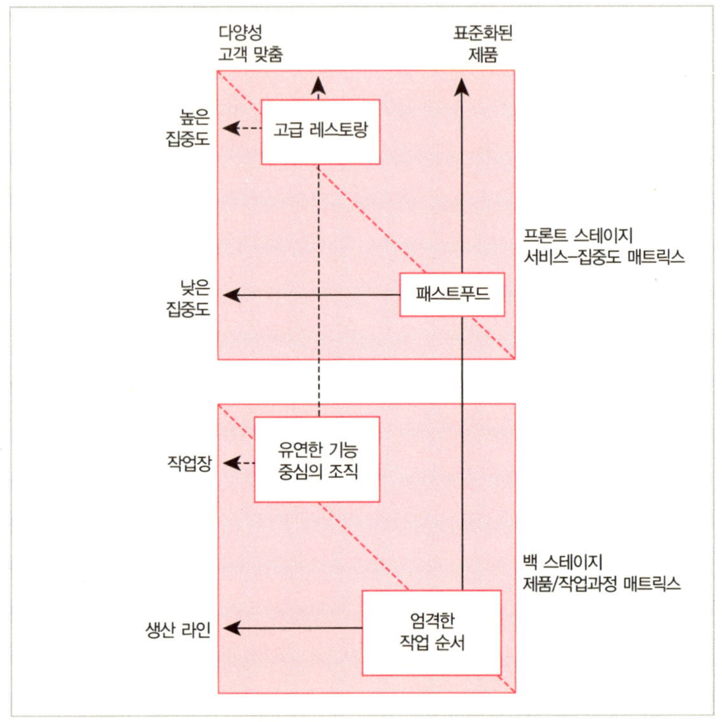

서로 모아져 있다. 한 쪽에는 반죽, 다른 한 쪽에는 생선들이 있고, 또 한 쪽 구석에는 소스가 있는 식이다. 따라서 이러한 레스토랑은 두 매트릭스의 좌측 상단 모서리에 포지셔닝된다. 패스트푸드 레스토랑의 경우, 모든 메뉴가 높은 수준으로 표준화되어 있기 때문에 상호작용의 집중도가 낮다. 주방 안을 보면, 음식은 전통적인 생산라인을 따라 준비되어 있다. 이에 패스트푸드 체인점들은 두 매트릭스의 우측 하단의 모서리에 포지셔닝된다.

JAMES TEBOUL
SERVICE IS FRONT STAGE

● 서비스-집중도 매트릭스 분석하기

베니하나Benihana 레스토랑의 창시자인 일본인 록키 아오키Rocky Aoki
는 부푼 꿈을 안고 미국에 입국했다. 그는 일본식 철판요리를 미
국인들에게 널리 소개하고 싶었다. 손님은 일본요리의 맛뿐만 아
니라 주방장이 프론트 스테이지에서 직접 선보이는 화려한 공연
을 함께 즐기면서 일본 요리에 대한 잊지 못할 경험을 갖게 될 터
였다.

베니하나 레스토랑은 매트릭스의 어디에 위치할까?

일단, 상품이 어느 정도 표준화되어 있기 때문에(몇 가지 철판요
리의 단순한 조합이다) 우측 상단이 맞다. 그러나 상호작용의 레벨은
무척 높다. 주방장이 요리쇼를 하는 동안 고객과 직접 상호작용을
하는 것이다.

그렇다면 이 포지셔닝이 언제까지고 지속될 수 있을까?

주방장과의 상호작용과 요리쇼 그 자체의 독창성이 점점 떨어
지고, 경쟁사가 콘셉트를 모방함에 따라 그 독창성이 퇴색하면서
베니하나의 포지션은 점점 오른쪽으로 이동하게 될 것이다. 고객
들은 과연 더 이상 새로울 것도 놀라울 것도 없는 그런 서비스를
위해 돈을 지불하고 싶어할까? 베니하나는 원래 있던 포지션이
점점 불안해질 것이며, 경쟁사들은 작업과정을 단순화시키고 상
호작용의 집중도를 낮추고 가격을 인하함으로써 경쟁력을 높이려
할 것이다. 그렇게 하기 위해 경쟁사들은 실력이 조금은 떨어지는

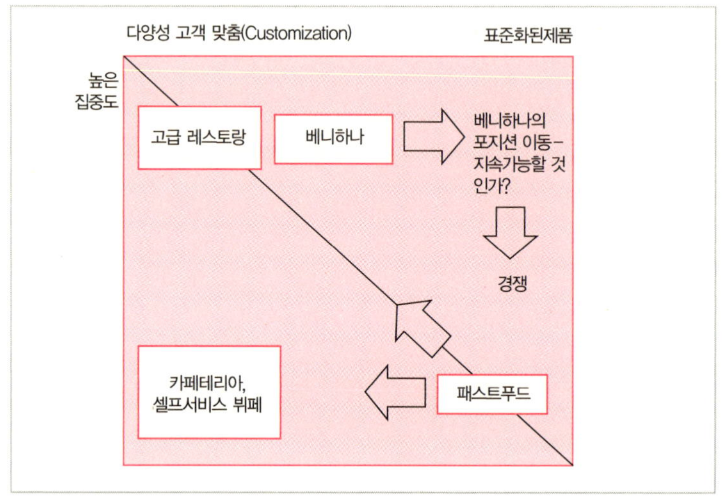

요리사를 채용한다든가, 아니면 일본인이 아닌 다른 아시아계 직원을 고용할 수도 있다.

이와 반대로, 우측 하단에 위치하는 것도 그다지 편안하지는 않다. 서비스 상품이 표준화되어 감에 따라 가장 중요한 차별화 요소는 가격이 된다. 다른 옵션으로는 무엇이 있을까? 그중 하나는 백 스테이지에서 규모의 경제를 통해 업계 1위나 2위가 되는 것이다. 또 다른 옵션으로는 상품의 종류와 다양성을 늘려 더욱 차별화된 메뉴와 서비스를 제공하는 것이다. 아이들을 위한 놀이터를 마련하는 것이 한 예가 될 수 있다. 세 번째 옵션은 고객이 서비스의 일부가 되도록 유도하는 것이다. 가령, 고객이 본인의 입맛과 취향에 따라 스스로 음식을 가져오도록 한다. 그러면서 좌측 하단으로 이동해 셀프서비스 뷔페와 카페테리아 서비스 등과 함께 포지셔닝하는 것이다. 그러나 과연 고객이 단지 본인에게 최적화시키기 위해 그런 작업을 정말 하려 들까? 그렇게 하는 고객도 있을 것이다. 이것이 시장세분화의 한 가지 좋은 사례다.

e-비스니스에서의 포지셔닝

서비스-집중도 매트릭스의 작업과정/사람 축은 좀더 자세히 살펴볼 가치가 있다. 가장 강하고 비싼 상호작용은 전문가와 직접 만나 상담을 받는 것이다. 가장 집중도가 약하고 싼 상호작용은 웹 상에서 두 대의 컴퓨터가 온라인으로 연결되어 있는 것이다. 원가 차이는 엄청나다. 그러나 높은 원가가 항상 정당화되는 것만은 아니다. 전문가와의 오프라인 상담이 상담시스템을 갖춘 전화상담직원과의 상담보다 더 좋으리란 법은 없으며, 전화상담직원과의 상담이 자동응답기계와의 상호작용보다 나으리란 법도 없다. 전화가 이메일보다 더 훌륭한 수단인 것만도 아니다.

현금이 필요할 때 고객은 지점에 들어가서 줄을 서고 기다리느니 차라리 ATM기기를 선호할 수 있다. 기계는 친절하고 예측가능하고 다양한 언어를 구사할 줄 안다.

한 가지 주목할 사실은 직원과의 상호작용이 줄어들면, 고객의 참여와 개입이 늘어난다는 것이다

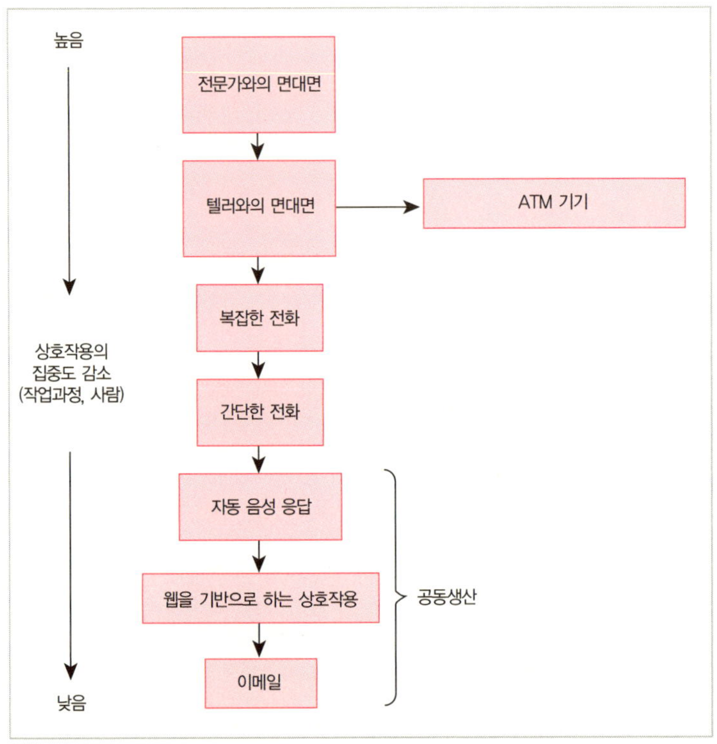

이렇게 상세한 작업과정/사람 축을 통해, 서비스-집중도 매트릭스는 인터넷 경제와 IT혁명이 일으킨 e-서비스의 폭발적인 증가를 설명할 수 있다.

전통적으로 비즈니스 서비스는 매트릭스의 대각선을 따라 이동하였다. 그것은 좌측 상단에서 소수 고객들과 나눈 관계의 풍성함을, 우측 하단의 다수 고객과의 표준화된 거래와 맞바꾸는 과정이다. 더 많은 고객을 만나려면 관계의 풍성함을 희생해야 한다.

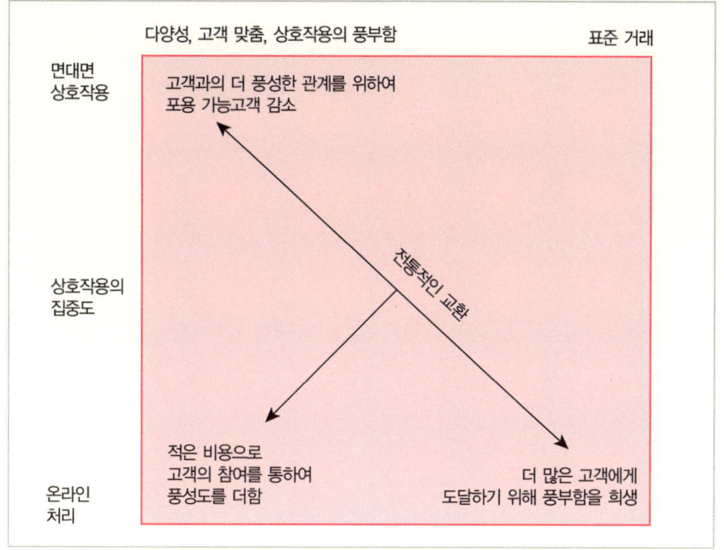

그러나 상호작용이 원자나 분자가 아닌 '비트bit'를 다루는 것일 때, 정보는 매우 적은 비용으로 처리·저장·강화되고 니즈에 맞춰 변형될 수 있다. 고객이 자발적으로 참여할 수만 있다면 관계의 풍성함은 온라인 상에서도 실현된다. 만일 고객이 기술이 부족하다면 따로 교육을 받으면 된다. 이렇게 e-비스니스는 매트릭스의 왼쪽 하단의 모서리로 이동한다.

금융 서비스에서의 포지셔닝_메릴린치, 찰스슈왑

메릴린치Merrill Lynch 사는 깨달았다. 어느 날 갑자기 엄청난 숫자의 인터넷 주식거래 사이트가 사이버 공간에 폭발적으로 나타나, 기존의 브로커들보다 훨씬 적은 수수료를 받고 주식을 거래할 수 있게 해줄 뿐만 아니라 투자정보, 재무분석, 시장분석에 온라인 포트폴리오 관리 기능까지 무료로 제공한다고 나섰을 때, 메릴린치가 경쟁사의 브로커들보다 똑똑해지지 못하고 진정으로 가치 있는 서비스를 고객에게 제공하지 못한다면, 앞으로 이 새로운 시장에서 살아남지 못할 것이라는 사실을 말이다. 이에 메릴린치는 고객들을 더 잘 세분화해야 하고 더 수준 높은 개인별 자문과 풀서비스를 제공해야만 했다.

미국의 할인 브로커인 찰스슈왑Charles Schwab 사는 온라인과 전화

[그림 4.15] 서비스-집중도 매트릭스 상의 금융 서비스

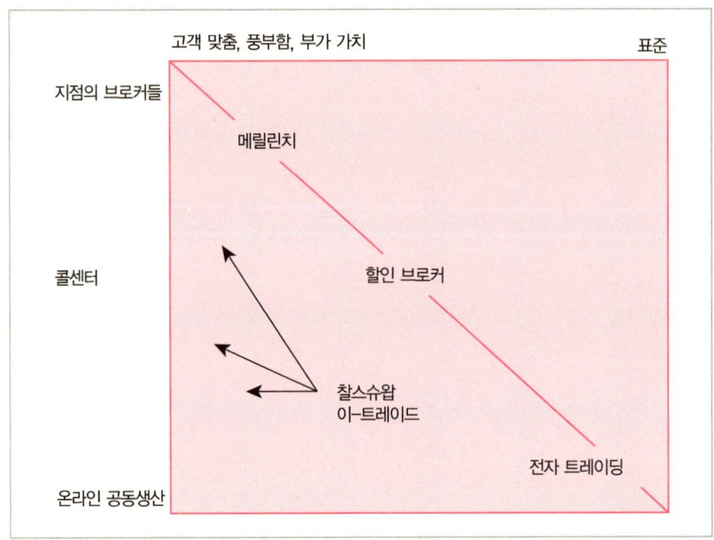

를 통하여 고객 개개인의 니즈에 맞는 개인별 맞춤형 서비스를 제공한다. 그런데 이 회사는 비록 고객들이 나중에는 온라인 거래를 할지라도, 처음에는 지점에서 자신의 계좌를 열기를 원한다는 것을 발견했다. 그래서 찰스슈왑은 세 개의 의사소통 채널, 즉 직원 대면 창구, 콜센터, 그리고 온라인을 제공한다. 어떤 채널을 사용할지를 결정하고 업무를 수행하는 것은 바로 고객이다.

e-비즈니스 환경에서 승리자들은 고객들에게 모든 채널, 즉 '클릭앤모타르clicks and mortar(온라인의 마우스 클릭과 시멘트로 지은 지점 건물을 상징하는 합성어-옮긴이)를 제공한다. 지점은 죽지 않는다. 그것은 또 다른 채널일 뿐이다. 그러나 모든 채널들은 단절 없는 상호작용을 제공하기 위하여 완전히 통합되어야만 한다.

도서 판매업에서의 포지셔닝_반스앤노블, 아마존닷컴

단순하게 한정된 범위의 책들을 판매하는 전통적인 서점은 미래가 밝지 않다. 고객과 근접한 위치는 아직은 이점이 되고 있으나, 매트릭스 상에서 볼 때 그들은 매트릭스 상단의 중앙에서 우측으로 이동하고 있다. 이러한 서점의 고객들은 슈퍼마켓(미국에서는 슈퍼마켓에서도 책을 판매한다-옮긴이)에서라면 훨씬 더 싸게 할 수도 있는 거래에다가 직원과 대면하는 상호작용의 값을 지불하고 싶어하지 않는다.

더 좋은 해결책은 슈퍼스토어(대형슈퍼)나 e-비즈니스가 있는 왼쪽으로 이동하는 것이다. 슈퍼스토어는 풍부한 구매 경험을 제공해주는데, 여기에는 150,000권 이상의 책이 구비되어 있고 팔걸이 의자와 독서 테이블이 비치되어 있으며, 커피 바에 쾌적한 분위기 그리고 음악까지 들려준다. 게다가 늦은 시간까지 영업을 하고, 책을 좋아한다는 이유로 선발된 직원들은 고객들에게 서평이나 추천을 해줄 수 있다. 이것이 바로 미국의 반스앤노블Barnes & Noble 사의 전략이다.

시장의 반대편에서는 아마존닷컴Amazon.com 사가 고객들에게 수백만 권의 책에 접근할 수 있도록 해주면서 해당 고객의 관심분야에 기초한 조언을 제공하고, 또한 책을 먼저 읽은 다른 고객이 들

[그림 4.16] 서비스-집중도 매트릭스 상의 도서 판매업

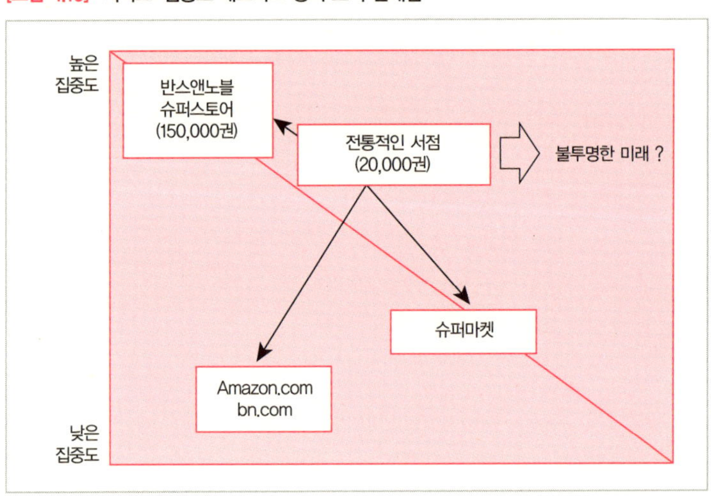

려주는 공정한 정보도 제공한다. 이러한 경쟁상황 때문에 반스앤노블사는 고객들이 영업장과 웹사이트 사이에서 구매 선택을 할 수 있도록 bn.com이라는 사이트를 만들 수밖에 없었다. 프론트 스테이지에서 마우스를 클릭하면 백 스테이지에서 책들이 물리적으로 이동하게 된다는 것은 주목할 만한 가치가 있다. 프론트 스테이지에서 일어나는 거래는 창고, 물류, 제휴관계 등과 함께 움직이는 고도로 숙련된 백 스테이지 운영에 의해 지원되어야만 한다.

컨설팅 비즈니스에서의 포지셔닝

컨설팅 비즈니스에서 상호작용의 집중도는 전문가들이 보유한 전문지식 수준에 의해서 가장 잘 표현된다. 데이비드 마이스터David Maister[3]는 프로젝트를 크게 세 가지 유형, 즉 두뇌형, 백발무성형, 절차대로형으로 분류한다. '두뇌형 프로젝트Brain Project'는 분야별 전문가들이 참여하는 프로젝트다. 고객의 프로젝트에서 해결해야 할 과제들은 가장 중요하고 복잡하고 혁신적인 안건들로서 최첨단의 전문적인 지식을 요구한다.

'백발무성형 프로젝트Gray Hair Project'는, 타사의 프로젝트를 통해 검증된 솔루션을 고객사에 맞게 최적화해서 구축할 수 있는, 경험 있는 컨설턴트를 필요로 하는 프로젝트다.

'절차대로형 프로젝트Procedure Project'는 시장에 이미 널리 알려진 이슈를 다루는, 어느 정도 양식화된 프로젝트를 말한다.

고객의 요구를 매트릭스 상에 포지셔닝하는 것은 매우 중요하다. 왜냐하면 서비스 가치제안의 모든 측면이 영향을 받기 때문인데, 특히 팀의 구성(최고 전문가, 경험 있는 전문가, 주니어 전문가들의 올바른 혼합)과 가장 중요한 가격이 영향을 받기 때문이다. 이것은 역동적인 포지셔닝으로서, 시간이 지남에 따라 두뇌형 프로젝트는 점차 백발무성형 프로젝트로 변하고, 결국 절차대로형 프로젝트가 된다. 1950년 대에는 구체적으로 명시되지 않아서 복잡하다고 간주되었던 수작업 회계처리가 이제는 전산 회계처리와 급여시스템의 통합으로 일상적인 일이 되었다. 똑같은 진화를 시스템 통합system integration 에서 볼 수 있으며, 지금은 비즈니스 통합business

[그림 4.17] 서비스—집중도 매트릭스 상의 컨설팅 비스니스

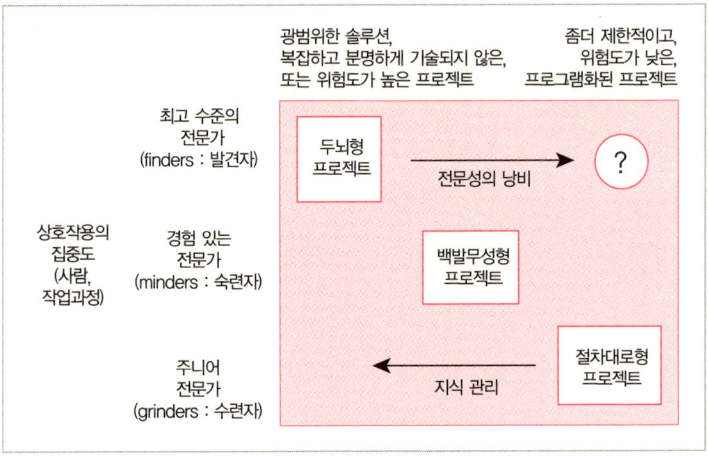

integration 에서도 볼 수 있다. 가치사슬의 위로 이동하고 부가가치가 더 높은 비즈니스를 하는 것이 차별화를 유지하고 더 높은 수임료를 받고자 하는 대부분의 컨설팅 업체들의 최대 관심사다. .

컨설턴트들은 점점 더 표준화되고 일상화되어 가는 프로젝트들에 귀중한 전문적 지식과 기술을 낭비하지 않도록 주의해야만 한다. 다른 한편으로는 전문가 시스템과 지식 관리를 통하여 주니어 컨설턴트의 전문성을 좀더 빠르게 개발시킴으로써 효율성을 증가시킬 수 있다.

결론

조금은 단순하고 세련되지 못하지만, 서비스–집중도 매트릭스는 어떤 형태의 서비스에도 활용 가능한 강력한 도구다. 서비스–집중도 매트릭스를 사용하면 처음 비즈니스를 정의할 때 '상품' '작업과정' '사람'이라는 세 개의 관점을 따라서 포지셔닝을 할 수 있다. '사람'의 관점은 서비스 삼각형에서 나타난 것과 같이 서로간에 역할을 주고받는 최전방 직원과 고객을 다룬다. 고객들은 공동으로 생산하고 참여하도록 유도되는 만큼, 고객을 위한 교육과 보상도 지원되어야 한다. 시장세분화와 더 광범위한 서비스 가치 제안으로 이러한 포지셔닝을 더 확대하는 것이 가능하다. 이 주제를 다음 장에서 다루어보자.

SERVICE IS FRONT STAGE

고객을 위한 가치, 직원을 위한 가치, 회사를 위한 가치가
조화와 균형을 이루어야 한다!

CHAPTER 5

어울림을 발견하고 유지하기

FINDING AND KEEPING THE FIT

서비스-집중도 매트릭스는 서비스 콘셉트를 처음에 결정하는 데 사용하기 좋은 도구이다. 다음 단계는 주요 이해당사자들, 즉 고객, 직원, 회사의 니즈에 알맞는 서비스 제안을 설계하는 것이다.

고객 개개인과 직원 개개인에게 적절한 가치를 제공하기 위하여 서비스 제안은 얼마나 구체적이어야만 하는가? 또 한편으로는 회사에 좋은 가치를 가져오기 위하여 대상 세분시장target segment 은 얼마나 크고 동질적이어야 하는가?

세분화와 집중_시장을 세분화한 후 집중하라

프론트 스테이지의 중요성이 커짐에 따라, 전통적인 '상품' 중심의 시장세분화segmentation는 '서비스 경험'을 고려해서 확대되어야만 한다. 고객들이 상호작용에 더 많이 관여할수록, 고객과 접촉하는 경우와 이때 고객이 수행할 역할, 고객의 참여방식과 전문

지식 수준에 대하여 더 많이 고려할 필요가 있다. 예를 들어, 비즈니스 여행객과 레저 여행객은 서로 다르게 취급된다. 공항식당은 바쁜 고객과 여유시간이 있는 고객을 서로 다르게 대우해야 한다. 어떤 고객은 자신의 증권거래 중개인으로부터 포괄적인 서비스를 제공받기를 원하는 반면에, 또 다른 사람들은 웹을 통해서 그들 스스로 업무를 처리할 수 있는 전문지식과 시간을 갖고 있다.

일단 시장세분화가 이루어지면, 서비스 제안의 모든 측면은 선택된 세분시장에 속하는 고객의 니즈에 맞게 설계되어야 한다. 예를 들어 만약 공항식당이 바쁜 사람들을 대상으로 한다면, 서비스 믹스의 6P는 이 목표에 부응하기 위하여 설계되어야 한다(간단한 식단, 용이한 접근성, 신속성 등등). 그러나 또 다른 두 이해당사자들을 잊어서는 안 된다. 회사는 이익을 남겨야 하고, 직원들은 그들의 근무 환경에 만족해야만 한다.

토론토에 설립된 지 오래된 민간 병원인 슈다이스 병원Shouldice Hospital은 한 종류의 환자, 즉 대장 탈장으로 고통받는 환자들만 치료한다. 이 병원은 과체중이거나 심장병력이 있는 탈장 환자는 치료를 거절할 정도로 전문화했다. 이렇게 세분시장을 좁힘으로써 수술에 훨씬 잘 집중할 수 있다. 치료는 상당히 표준화되고, 외과 의사들은 반복과 계속적인 개선에 집중함으로써 굉장히 능숙하고 효과적이게 되었다. 환자들은 국부 마취를 하기 때문에 수술 후

즉시 휠체어로 걸어갈 수 있다. 병원은 쾌적한 환경의 컨트리클럽과 같은 모습이다. 소독약 냄새도 나지 않는다. 계단의 높이는 낮아서 환자들이 걸어 다니기 쉽게 해준다. 서비스믹스의 모든 P는 이 세분시장에 초점을 맞추고 가치를 극대화하기 위해서 동시에 설계되었다.

환자들을 위한 가치value to patients 는 그들의 탈장이 효과적으로 치료되는 것이다. 게다가 병원에서의 경험은 기억할 만하고 회복은 빠르다. **병원을 위한 가치**value to the hospital 는 수술과 장비의 표준화, 환자의 참여, 그리고 시설과 자원의 높은 가동률에 의해서 비용을 절감하는 것이다. **직원을 위한 가치**value to the staff 는 쾌적한 근무 환경과 적은 스트레스 그리고 좋은 결과들이다. 이 세 이해당사자들 사이에 가치의 균형이 잘 잡혀 있다.

[그림 5.1] 서비스 삼각형에서 세 이해당사자들을 위한 가치

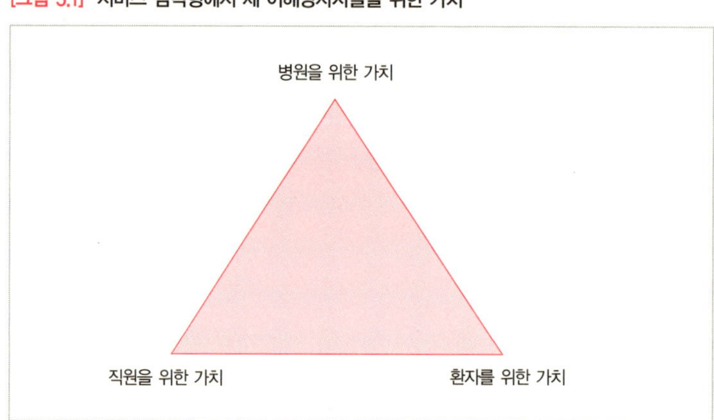

고객을 위한 가치_혜택의 최대화, 희생의 최소화

첫 번째 과제는 서비스믹스의 핵심적인 운영상의 결정들과 고객들이 가치를 두는 것들 사이에 어울림(조화)을 고려하는 것이다. 가치는 인지된 혜택과 인지된 희생 간의 비교 결과다. 고객 입장에서 한 가지 명백한 희생은 기꺼이 가격을 지불하는 것이다.

무엇보다도 고객들은 결과에 관심이 있다. 고객은 적정 수준의 전문성을 동반한 기대했던 결과를 얻기를 원한다. 그러나 고객은 또한 확신을 갖게 해주고 접촉을 기억할 만하고 특별하게 만들어주는 유형의 요소들에 민감하다. 고객은 직원이 표시하는 공감과 변함없는 관계를 높이 평가할 수도 있다. 고객은 직원들의 즉시 대응하는 자세와 가용성뿐만 아니라 상호작용의 속도와 용이성에 상을 줄 것이다. 마지막으로, 고객은 모든 지역과 시간대에 걸쳐서 운영의 일관성을 기대할 것이다. 이 모든 혜택들이 누적되어 고객이 서비스의 값을 기꺼이 지불할지를 결정하게 된다.

혜택은 최대화하고 희생은 최소화하기 위해서 서비스믹스의 여섯 가지 요소가 어떻게 설계되어야 하는지를 한 가지 간단한 사례를 통해서 보기로 하자. 베니하나 레스토랑의 일본인 설립자인 록키 아오키의 아이디어는 일본식 철판구이를 미국인에게 소개하는 것이었다. 요리사가 직접 고객 앞에서 요리 서비스를 하고 엔터테인먼트를 베푸는 동안 고객은 기억에 남을 경험을 즐길 것이다. 모든 것은 합리적인 가격 안에서 이루어진다. 고객에게 최고의 가치를 제공하기 위해 아오키가 서비스 가치제안의 몇몇 핵심 요소들을 설계한 방법은 괄목할 만하다. 그는 확실히 공식적인 분석보다 직관력을 더 많이 사용했다. 그러나 그 결과는 뛰어난 돌파구였다. 가장 중요한 결정은 다음과 같다.

- **상품** : 메뉴는 짧고 단순했다. 변형은 거의 없었다.
- **위치** : 식당은 수용능력의 높은 가동률을 확보하기 위해서 유동인구가 많은 곳에 자리를 잡았다.
- **작업과정** : 요리사는 8인용 테이블 앞에서 직접 요리하기 위하여 백 스테이지에서부터 식탁이 있는 곳으로 나왔고, 기억에 남을 만한 경험을 고객에게 주기 위해 잘 준비된 쇼를 선보였다. 큰 바는 변형된 수요를 흡수하고 자리를 기다리는 고객들을 수용하는 완충지대로서의 기능을 수행했다.
- **사람** : 요리사는 주문 받기, 요리, 손님접대 및 여흥 제공 등 여러 가지 역할을 수행했다. 요리사는 '서비스 수행'의 속도와 상호작용의 품질을 조절했으며, 고객의 전체적인 경험에 책임을 졌다.

고객을 위한 가치와 서비스 가치제안 사이의 어울림이 매트릭스 상에 분명하게 나타나고 있는데, 여기서 두 가지 축, 즉 고객을 위한 가치와 서비스믹스가 수직과 수평으로 표시되어 있다(그림 5.2).

[그림 5.2] 베니하나 레스토랑을 위한 어울림 찾기

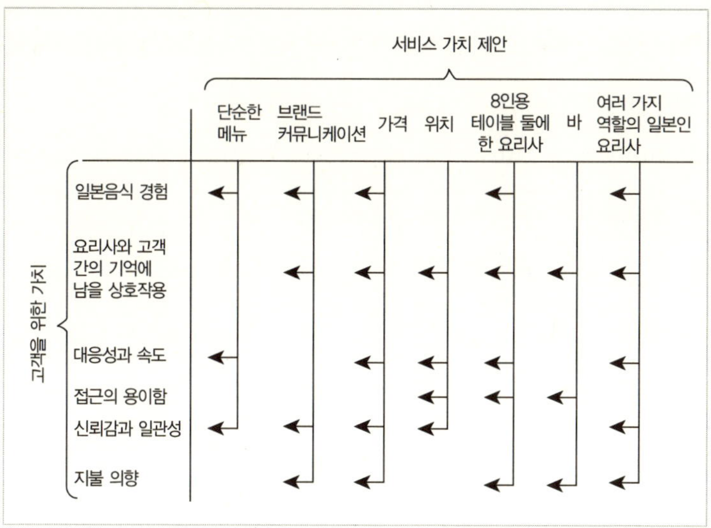

[그림 5.3] 고객을 위한 가치 극대화

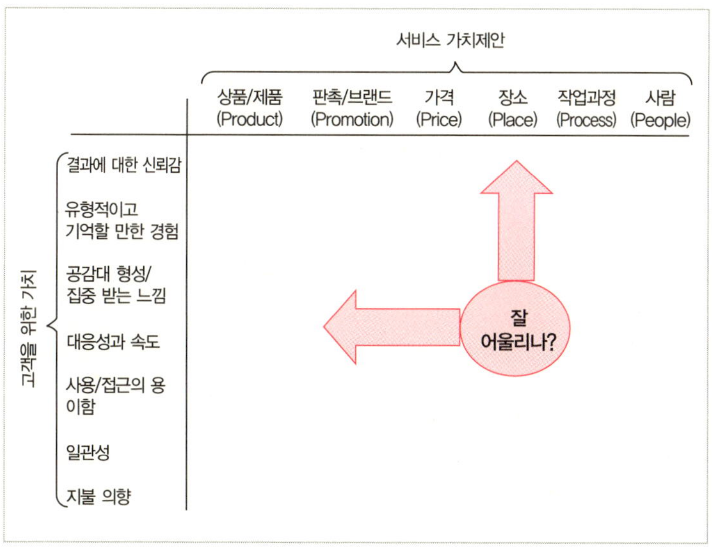

동일한 매트릭스 상의 모든 요소들을 재조합하면 베니하나 레스토랑의 가치제안의 일관성이 드러난다. 경쟁을 돌파하는 혁신적인 서비스를 구별 짓는 것은 바로 이 어울림이다.

어떤 종류의 서비스도 〈그림 5.3〉에 묘사되어 있는 더 포괄적인 매트릭스를 사용해서 분석할 수 있다.

직원을 위한 가치_개인의 동기부여가 필요하다

직원들이 서비스를 생산하고 전달하고 마케팅하는 데 직접 관여하고 있으므로 서비스 가치제안이 직원들에게 주는 영향을 평가하는 것은 중요하다. 운영상의 결정 내용에 따라 직원들은 경력관리와 보상체계, 근무조건, 참여와 주도권 등과 같은 부분에서 고용 불안을 느낄 수도 있다. 또한 이 문제는 소속감, 자부심, 성장과 도전에 대한 의욕 등과 같은 개인적인 동기 부여에도 영향을 줄 수 있다.

〈그림 5.4〉의 매트릭스 상에 다시 한 번 베니하나 레스토랑을 위한 훌륭한 어울림이 표시되어 있다.

모든 요리사가 일본인이라는 사실이 그들의 소속감을 증가시킨다. 그들이 맡고 있는 역할의 다중성과 멋진 쇼를 보여주겠다는 도전의식은 그들의 직업에 대한 우려뿐만 아니라 동기부여에도 영향을 미친다.

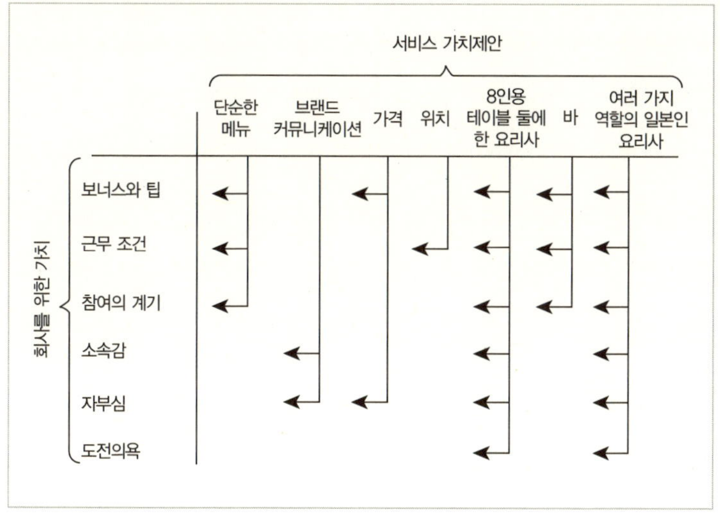

회사를 위한 가치_지속 가능한 경쟁우위

비즈니스를 하는 회사는 자선단체가 아니다. 그래서 서비스 가치제안은 회사에도 가치를 가져다 주어야 한다. 여기에는 세 가지의 주요 관점이 있는데, 즉 비용/생산성과 수용능력 가동률 그리고 진입장벽이 그것이다. 회사가 강력하고 지속 가능한 경쟁 우위를 구축하는 것을 서비스 가치제안이 어떻게 도와줄 것인가?

베니하나 레스토랑의 경우에는 메뉴를 단순화함으로써 재고가 줄었고, 쓰레기가 덜 나와서 결과적으로 비용이 줄어들었다.

줄어든 '회전 시간cycle time'과(평균 식사시간은 45분이다) 요리사가

8인용 테이블 두 개에 동시에(그러니까 16명의 손님에게) 서비스를 제공한다는 사실, 그리고 여러 가지 일을 수행하고 복수의 역할을 할 줄 아는 요리사의 능력으로 인해 생산성이 올라간다.

지속 가능한 경쟁 우위를 점할 수 있는 가치제안의 요소들은 어떤 것들일까? 훌륭한 위치를 선택하면 가장 좋은 자리들을 선제압할 수 있는 가능성이 있다. 요리사를 선발하고 교육하고 동기부여를 하는 데 시간이 걸리는 것처럼, 직원들은 가장 복제하기 힘든 경영자원이다. 마지막으로 모든 의사결정의 결합과 조합인 어울림 그 자체가 가장 중요한 경쟁 우위가 된다.

아래의 단순한 매트릭스(그림 5.5)는 베니하나가 비용을 절감하고, 생산성과 가동률을 향상하고, 전통적인 시장 영역 밖으로 나가서 경쟁 우위를 만들어내는 일을 어떻게 동시에 이루어냈는지를 보여주고 있다. 록키 아오키의 천재성은 '이터테인먼트eater-tainment'─전통적인 식당과 예능entertainment을 조합한 새로운 영역─을

[그림 5.5] **회사를 위한 가치 극대화**

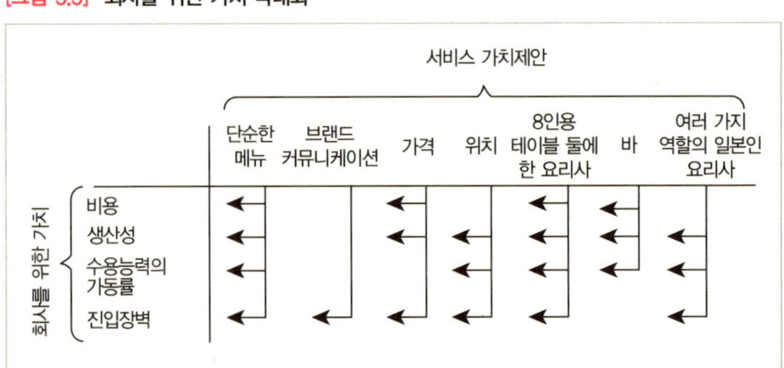

창조한 것이었다. 이것이 아오키에게 지속 가능한 경쟁 우위를 주었다.

어울림

혁신적인 서비스—시장에서 이기는 가치제안—는 세 이해당사자들, 즉 회사와 직원 그리고 고객들이 인식하는 가치의 강력한 어울림과 훌륭한 균형을 달성해야만 한다. 이 점이 서비스 삼각형에 분명하게 보이고 있다(그림 5.6).

[그림 5.6] 서비스 삼각형의 세 이해당사자들을 위한 가치

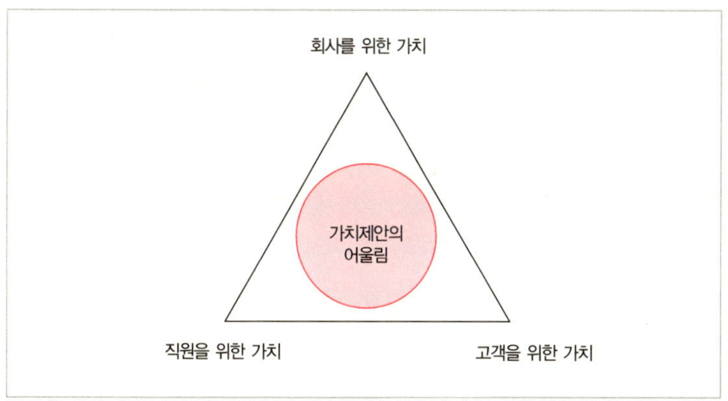

서비스 가치제안에서 서비스 수행으로

반드시 해야 할 그 다음 과제는 약속한 가치제안을 좋은 가격에

전달하기 위해서 회사 내부에 필요한 자원과 상품 역량을 개발하는 일이다. 이익을 극대화하기 위해서 비용은 내리 눌러야만 하고, 수용능력 가동률은 최적화되어야만 한다. 이것은 상품과 솔루션의 적절한 설계, 각 시점과 지역에서의 프론트 스테이지와 백스테이지 활동의 균형, 그리고 수요와 수용능력 사이의 균형을 통해서 이루어진다(수요와 수용능력의 균형은 제7장에서 다루어질 것이다). 자원은 주로 사람들이다. 그래서 직원과 고객을 선별하고 교육하는 일은 너무나도 중요하다. 그들의 동기부여와 충성심은 시스템과 처리 절차, 관리 스타일과 공유하고 있는 가치에 따라 매우 달라질 것이다. 예를 들어 베니하나 체인의 경우, 가장 중요한 자원은 최전방 직원이다. 요리사들을 신중하게 뽑고 훈련시켜야 한다. 다른 측면들−시스템, 업무 설계, 관리 스타일 등−은 요리사라는 중심 역할을 지원한다.

일용상품화 그리고 적자생존 _영원한 것은 없다

아! 성공처럼 급전직하로 실패하는 것도 없도다! 훌륭한 어울림이 영원히 지속되지는 않는다. 경쟁자들은 쉽사리 성공의 공식을 복제하고, 고객들은 거기에 익숙해지고, 가치제안은 금방 일반적인 것이 돼버린다. 일용상품화와 가격 전쟁에서 벗어나려면 서비스를 재설계하고 가치를 재창조하는 것이 매우 중요하다.

　　그러나 여기에 역설적인 상황이 있다. 어울림이 강력할수록 그것을 허물고 그곳에서 이탈하는 것이 더 어렵다는 것이다. 한 가지 해결책은 동일한 시장 영역에 머무르면서 '플러스plus', 즉 현저하게 차별화할 수 있는 경쟁 우위 요소를 찾는 것이다. 그러나 시장이 북새통이라면 이 요소도 금방 복제될 것이다. 식당 사업에서 전통적인 해결책은 정기적으로 메뉴를 재설계하거나 식당을 수리하거나 또는 서비스 가치제안을 단순화시키는 것이다. 베니하나는 새로운 그릴 레스토랑 체인을 추가했다. 이 식당들은 작은 공간에도 알맞을 뿐만 아니라, 전통적인 베니하나 레스토랑 하나를 짓는 비용의 삼 분의 일밖에 들지 않는다.

　　또 다른 해결책은 기존 시장 영역의 경계를 확장하고, 새로운 게임의 법칙을 발명해 전통적인 경쟁을 뛰어넘는 새로운 서비스 가치제안을 창조하는 것이다. 이것이 바로 베니하나가 바bar와 레스토랑을 연결하는 '새로운' 개념으로 시도했던 일이다(이 개념은 실제로는 일본으로부터 수입한 것이었다). 스시도라쿠('스시의 환희'라는 일본 말에서 이 명칭을 따왔다)에서는 대형의 타원형 대리석 바에 앉아 있는 고객들이 타원형 바 내부에서 돌아가고 있는 기발한 컨베이어 벨트 시스템으로부터 스스로 음식을 골라 먹는다. 손님들이 골라 먹는 동안 신선한 생선, 해산물, 공기밥, 채소들의 접시 조합이 수십 개 쌓인다. 가격은 접시의 색깔로 알 수 있으므로 손님의 자리에 쌓여 있는 빈 접시의 수를 색깔별로 세어서 계산서를 작성

한다. 스시도라쿠 바를 이용해 베니하나는 이미 자신들이 30여 년 전에 개척했던 '이터테인먼트eater-tainment' 시장 영역의 경계를 더 넓힐 수 있었다.

가치창조 사이클

악마는 디테일에 있다The devil is in the detail. 사소한 일 하나가 엄청난 차이를 가져올 수 있는 것이다. 따라서 소위 산드라 반더머위Sandra Vandermerwe[1]가 명명했던 '고객활동 사이클customer activity cycle'―나는 '가치창조 사이클value creation cycle'이라고 부르기를 더 좋아한다―에서 발생하는 모든 진실의 순간(고객접점)에 가치가 어떻게 창조되는지를

[그림 5.7] 호텔 비즈니스의 가치 창조 사이클

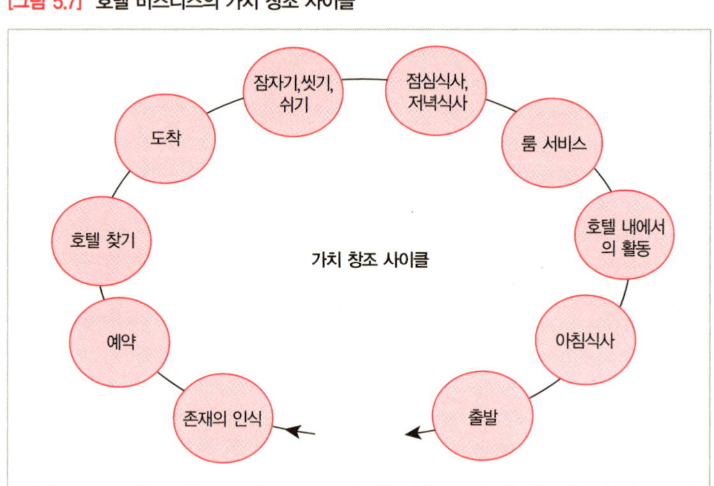

이해하기 위해서는 고객을 주의 깊게 살펴보는 것이 매우 중요하다. 한 예로서 호텔 비즈니스에서의 가치창조사이클이 〈그림 5.7〉에 그려져 있고, 발생 가능한 고객 니즈가 나열되어 있다.

서비스 가치제안은 더 상세해야 한다. 얼마나 많은 활동들을 다루어야 하고, 어느 정도로 고객의 요구에 맞춰 변형해야 하며, 직원과 고객 간의 상호작용은 얼마만큼 해야 할까?

초호화급 세분시장luxury segment에 속하는 풀서비스 호텔은 사이클에 있는 모든 범위의 활동들을 다루지만, 저렴한 세분시장economy segment을 대상으로 영업하는 호텔들은 기본적인 편의시설만 제공할 뿐만 아니라 최전방 직원의 접촉을 최소로 줄이고 가능한 한 더 많은 부분을 고객과의 공동생산에 기대고 있다.

[그림 5.8] 저렴한 호텔의 가치 창조 사이클

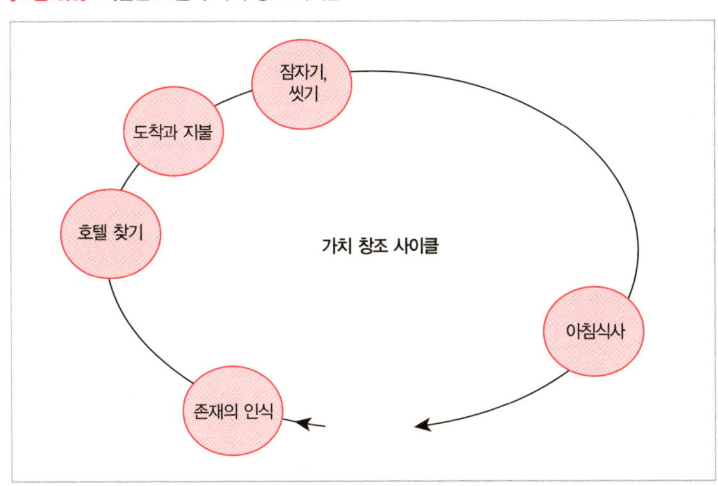

서비스 가치제안은 대상 고객군이 매 접촉순간 무엇에 가치를 주고 있는지 이해하고, 고객에게 무엇을 제공할지 결정하는 과정을 통해서 단계적으로 만들어진다. 예를 들어 손님이 호텔에 도착했을 때 선택의 폭은 아주 넓은데, 낮이고 밤이고 자기를 알아보고 자기가 좋아하는 것을 기억하고 있는 호텔 안내원이 반갑게 환영해줄 것을 기대하는 손님으로부터, 자신의 정보를 입력하고 신용카드를 넣으면 방 키가 나오는 기계와 상호작용하는 것에 만족하는 '기능적인functional' 여행객까지 다양하다.

〈그림 5.9〉에 묘사되고 있는 풀서비스 호텔의 예에서 볼 수 있

[그림 5.9] 풀-서비스 호텔

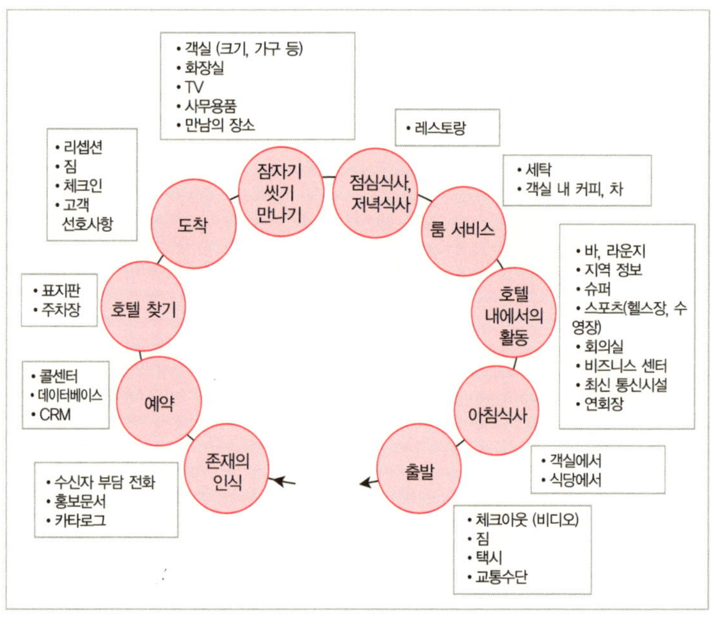

듯이 각각의 핵심적인 고객 접점에서 차별화를 만들어낼 수 있는 방법은 여러 가지가 있다. 즉, 프론트 스테이지에서 고객과의 상호 작용을 얼마나 많이 할 것인가, 고객맞춤 서비스를 어느 정도 할까, 고객과의 공동생산은 어느 수준까지 하는 것이 좋을까, 어느 활동들을 백 스테이지로 이전해야만 할까 등등.

선택의 폭은 넓지만 다행스럽게도 문화적 습관과 기대 수준에 의해서 제한을 받는다. 모든 결정은 보유 역량 및 자원과 시스템에는 물론, 결국 모든 요소들이 통합된 가치제안의 가격에 영향을 미친다. 앞에서 언급했듯이 고객을 위한 가치와 직원을 위한 가치 그리고 회사를 위한 가치 사이에 탁월한 균형점을 찾아야 한다.

가치창조 사이클에서 차별화 요소 만들기

가치창조 사이클은 핵심적인 상호작용의 순간에 비용을 줄이면서 고객 가치를 창조하고 유지하는 방법을 찾아내는 것을 도와주는 훌륭한 도구다. 이것은 단순하게 말하자면 사이클을 따라서 시스템적으로 수행되는 가치 분석이다(엔지니어들이 상품을 설계할 때 전통적으로 사용하던 오래된 훌륭한 방법). 가치제안의 모든 요소들은 고객이 해당 요소에 대해서는 가치를 인정하지 않기 때문에 아예 버리거나 줄일 것인지를 결정하기 위해서, 또는 결정적인 차별화를 만들어내기 위해서 그 요소를 더 향상시키거나 다른 요소들을 추가해야 할지를 결정하기 위해서 분석된다.

가장 저렴한 호텔 산업에 포진하고 있는 포뮬원Formule 1 호텔 체인은 몇 가지 핵심적인 고객과의 상호작용에만 집중해 이러한 결정적인 진실의 순간에서 월등히 우수한 서비스를 수행함으로써 같은 산업에 있는 다른 경쟁자들과의 차별화에 성공했다.

[그림 5.10] 포뮬원 호텔

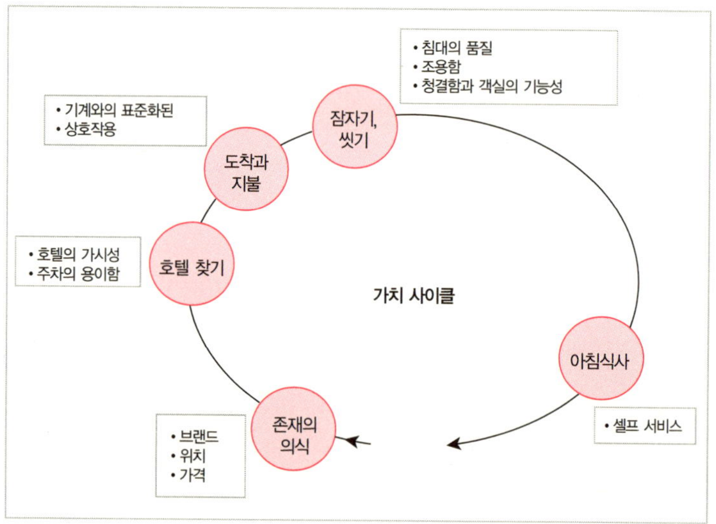

이런 진실의 순간들은 강력한 서비스믹스 요소들의 지원을 받았다.

- 강력한 브랜드(상표)
- 훌륭한 위치

- 네 개의 스탠더드룸으로 구성된 기본적인 조립식 모듈로 지어진 호텔

- 모듈을 단순히 추가함으로써 숙박 수용능력을 늘릴 수 있는 능력

- 백 스테이지 조직과 지원 시스템(규모의 경제)

- 결혼한 부부 한 쌍이 소수의 정규 직원들과 파트 타이머들을 채용하고 관리하며 직접 경영하는 현지 경영 체제

똑같은 가치 사이클을 사용해서 리처드 브랜슨Richard Branson이 버진애틀랜틱 항공사Virgin Atlantic Airlines를 위해 결정적이고 가시적

[그림 5.11] 버진어틀랜틱을 위한 차별화 요소

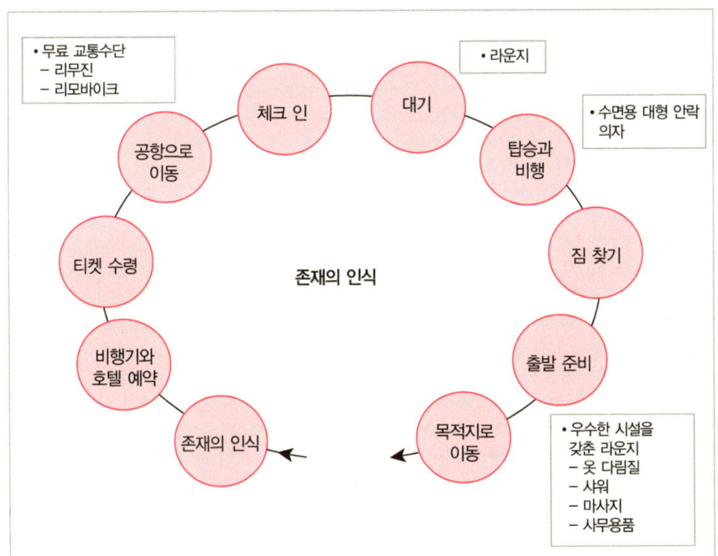

인 요소들을 어떻게 만들려고 했는지를 설명할 수 있다.

이런 요소들이 지속 가능한 차별화를 만들어내고 있는가? 고객들이 앞으로도 계속 기꺼이 돈을 지불할 것인가? 성공적인 아이디어는 조만간 복제될 것이다. 그러므로 가치를 재창조하거나 비용을 줄이기 위해서 새로운 방법을 찾아야만 한다.

결론

요약하면 운영전략은 고객을 위한 가치, 직원을 위한 가치 그리고 회사를 위한 가치를 극대화하기 위해서 서비스믹스의 핵심 요소들을 정의하는 것으로 구성된다. 이 분석을 가치창조 사이클 상의 중요한 상호작용의 순간들로 확대함으로써 지속 가능한 경쟁 우위에 집중하는 것이 중요하다. 다음 단계는 이 분석으로부터 필요한 자원과 역량 그리고 시스템들을 추론하는 것이다.

CHAPTER

6

품질 격차

QUALITY GAPS

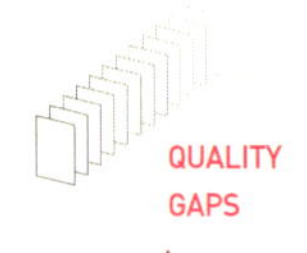

서비스 품질은 상품의 품질과는 다르다. 서비스를 문서상에 설계하고, 테스트하고, 실제로 수행할 때 아무리 정성을 기울인다 하더라도 고객이 체감하는 서비스는 제안된 서비스와는 많이 다르다. 앞서 언급한 서비스 삼각형은 이러한 품질 격차를 미연에 방지하는 데 훌륭한 도구가 될 것이다.

설계 격차_사각형의 서비스 제안 vs 고객의 다양한 요구

고객 니즈 분석과, 고객 세그멘테이션segmentation (시장세분화), 그리고 시장조사를 통하여 발굴된 서비스 콘셉트는 다양한 서비스믹스(상품/결과물, 가격, 장소/위치, 작업과정/시설 배치와 수용능력, 사람/스타일과 행동방식)에 의해 구체화된 가치제안으로 변한다.

　이러한 서비스믹스는 서비스 삼각형의 꼭대기에 사각형으로 표현된다. 왜냐하면 서비스믹스를 각종 표준과 계량모델을 사용

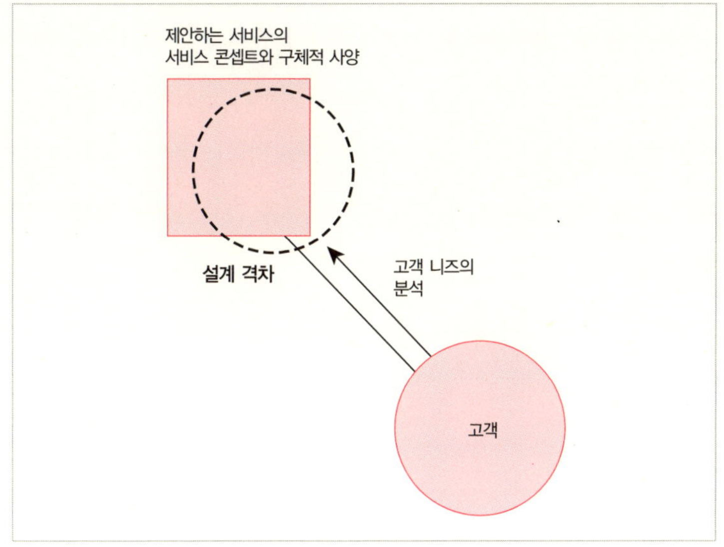

해 표시해야만 직성이 풀리는 '사각형' 사람들에 의해 설계되었기 때문이다. 분명히 이런 사각형 형태의 서비스 제안과, 아래에 원으로 표현되고 있는 각 개인 고객들의 유동적이며 다양하고 변화하는 요구 사이에는 항상 차이가 있게 마련이다.

서비스 전달 격차_ 사각형에 머물러야 하는 직원들 vs 고객만족

서비스를 수행하는 직원들은 특정한 고객접촉의 순간에, 정해진 사각형의 테두리 안에서 작업 지침서에 따라 서비스를 전달해야 한다. 그들은 그 일을 썩 잘할 수도 있고 그렇지 못할 때도 있을 것이다. 서비스 전달이 정해진 지침서나 규칙에 미치지 못한다면 감점이 될 것이고, 직원들이 고객을 만족시키기 위해 지침서를 넘어서서 약간의 추가적인 노력을 더 기울이거나, 주어진 상황에 맞추기 위해 전문성을 발휘하여 작은 기적을 일으킨다면 가점을 받을 것이다.

큰 실수와 작은 기적들이 모두 사각형 주변에서 일어난다. 직원들이 테두리 선 바깥을 덧칠할 수는 있지만, 그들은 여전히 사각형 내에 머물러야 한다.

만약 직원들이 정해진 사각형 내에만 안주한다면, 그들은 고객

[그림 6.2] 서비스 전달 격차

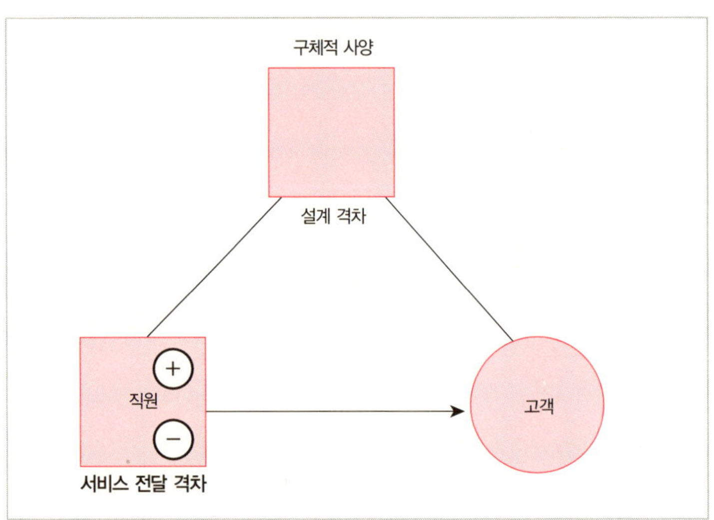

니즈에 대한 통찰력을 잃을 수 있다. 서비스 제공자가 서비스의 기술적인 측면에만 집중하게 되면, 그들의 업무를 용이하게 하려는 내부적인 목적에는 부합할지도 모르지만, 고객만족의 저하라는 대가를 치르게 될 것이다. 예를 들어 길고 복잡한 서류양식을 채우는 일은 회사에는 도움이 되겠지만, 고객들에게 벌을 주는 일이다.

인식 격차_고객은 사각형의 일부만을 인지한다

인식 격차는 고객이 사각형의 일부만을, 즉 서비스 상품의 일부만을 인식한다는 사실에서 발생한다. 고객은 서비스의 기술적인 측면을 모두 다 인식할 수는 없을 것이다.

예를 들어 의사는 치료의 기술적인 측면에 극도로 신경을 쓴다. 반면에 환자는 치료 자체보다는 의사가 얼마나 환자에게 눈높이를 맞추어 관심을 갖고 진료하는지에 더 민감하다. 치료 후 생활의 질, 회복속도 또는 의학용어를 알기 쉽게 설명해주는 일 등 말이다.

서비스 품질은 고객이 말하는 그대로이고, 그들의 인식이 바로 그들의 진실이다. 고객이 인식하지 못하는 것은 그들의 눈에는 가치가 없는 것이고, 고객은 그것에 대해 대가를 지불할 필요성을 느끼지 못한다. 가치는 인식한 혜택perceived benefit과 인식한 희생

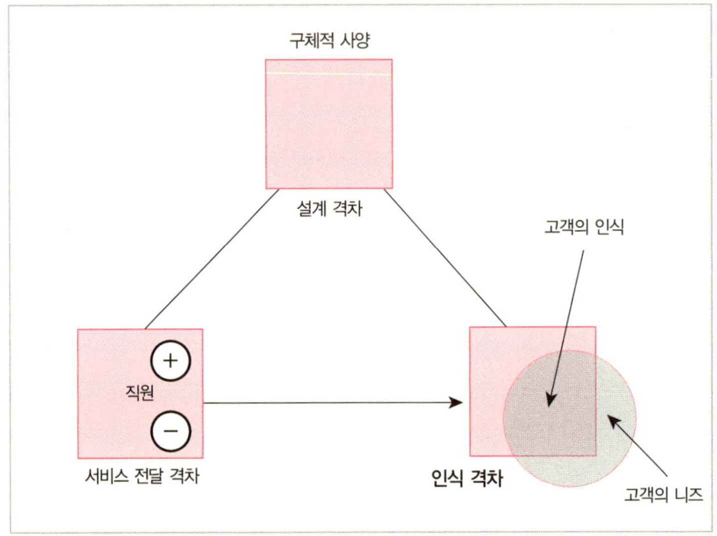

perceived sacrifice(예를 들어 돈, 시간, 노력) 간의 비율이다.

인식의 필터_ 하나의 부정적인 요소가 서비스 전체를 망칠 수 있다

인식perception 은 이성적인 사고의 과정이 아니다. 인식은 일련의 선입견과 필터에 의해 걸러진 다음에 형성된다.

● 준거의 틀

우리는 각자의 고유한 렌즈로 세상을 바라보고, 그를 통해 인상이 형성된다. 우리는 우리의 언어, 우리의 문화, 우리의 경험, 우리의 생활방식 등을 통해 세상을 해석하는 우리 자신만의 문법을 개발한다. 예를 들어 우리는 낙천적이거나 비관적이다. 그리고 그러한 형태는 습관으로 굳어지게 된다. 우리는 익숙하고, 기억할 만하고, 무엇보다도 감성적으로 중요한 의미가 있는 것들을 중심으로 사물을 판단하는 준거의 틀을 세우게 된다.

● 확증 편향(일관성의 법칙)

우리는 우리가 믿는 것을 본다. 우리는 우리의 의견에 대해서 확증을 찾으려 하고, 그것을 고수하려고 한다. 특히 집단적으로 통용되는 지식이나 의견일 때에는 더욱 매달린다. 우리는 우리의 신념을 지지하는 의견을 모은다. 우리의 신념을 거스르는 의견들은 깎아 내리거나, 거부하거나 무시한다. 그러한 신념들은 종종 첫인상으로부터 생겨나거나, 최근에 각인되었거나, 떠오른 기억 또는 생생한 기억에 기반을 두고 있다.

　예를 들어 첫 접촉은 특히 중요하다. 레스토랑 지배인들은 손님이 테이블에 앉을 때 불만족해한다면, 그 손님은 저녁 내내 문제를 일으키고 불평을 할 것이란 것을 알고 있다. 어떤 회사에서는 안내데스크의 직원을 '첫인상 담당 임원' 이라고 부른다. 이렇듯 일단 고객이 어떤 것에 대한 견해를 형성하고 나면, 그것은 마음속 깊숙이 뿌리내려서 쉽사리 바뀌지 않는다.

● 지나친 일반화overgeneralization와 유형화categorization

우리는 보다 단순하게 표현하며 포괄적인 판단을 내리기 위하여 여러 가지 인식들을 통합하고 압축하고 분류하곤 한다. 어떤 것은 맞거나 틀린 것이고, 검거나 흰 것이고, 우리가 그것을 좋아하거나 싫어하거나 둘 중 하나이다.

서비스는 고객과의 수많은 접촉의 순간들로 구성된다. 그러나 우리 마음의 통합능력에 의해서, 우리는 하나의 전체적인 인상을 갖게 된다. 우리는 간격gap을 메우고, 하나의 포괄적인 의견을 만든다. 이것은 은행 거래와 유사하다. 즉, 은행 텔러가 일을 제대로 하면 고객은 은행에 가산점을 준다. 실수하는 경우에는 감점을 한다. 그러나 감점 하나는 가산점 열 개 이상과 맞먹는다. 그래서 더 많이 접촉할수록 실패할 가능성이 더 커진다!

대부분의 세부 내용은 사라지고 남아 있는 몇 가지만이 예리해지므로, 우리는 하나의 인상만 가지고 쉽사리 확정적인 결론을 내려버린다. 첫인상, 마지막 인상, 혹은 감정이 곁들여진 순간의 기억들이 전체 경험에 대한 인상을 좌지우지한다. 우리는 사물들을 비례적으로 보지 않고 몇 가지 작은 부분들을 침소봉대하거나 과장한다. 하나의 부정적인 요소가 서비스에 대한 전체 경험을 망칠 수 있다. 누구나 한번쯤은 계산 담당자가 불친절했기 때문에 다시는 그 레스토랑에 가지 않겠다고 결심한 적이 있을 것이다.

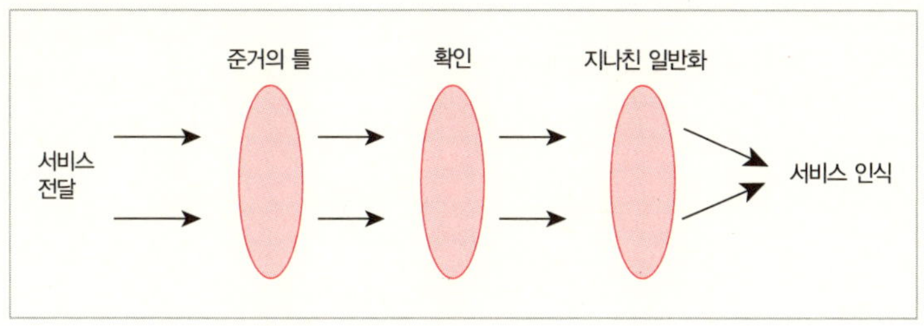

기대expectation _회사의 서비스 선택 vs 고객의 기대수준

일단 서비스 상품이 정의되면 고객에게 알려지고, 그 과정에서 고객의 기대감을 유발시킨다. 분명하게 회사는 여러 가지 가능한 차원 중에서 서비스의 어떤 측면을 고객에게 알리고 싶은지 선택해야만 하고, 회사가 하는 약속들은 유형적이고 차별화된 측면들과 연계되어야만 한다. 이런 일은 광고, 우편, 브로슈어 등과 같은 전통적인 마케팅 채널들을 통해서 이루어지고, 회사의 강력한 브랜드와 이미지에 의해 강화된다.

하지만 가장 좋은 커뮤니케이션은 서비스를 수행하는 과정에서 일어난다. 서비스 전달 과정과 최전방 직원들을 통해서 회사가 자신에 대해 고객에게 말하고 행동하는 모든 것이 일종의 커뮤니케이션이다. 더욱이 고객의 실제 경험을 근거로 한 입소문은, 전통적인 마케팅 채널과는 비교할 수 없는 기대효과를 지닌다. 만약 고객이 이미 그 서비스를 경험했거나 비슷한 서비스를 테스트해

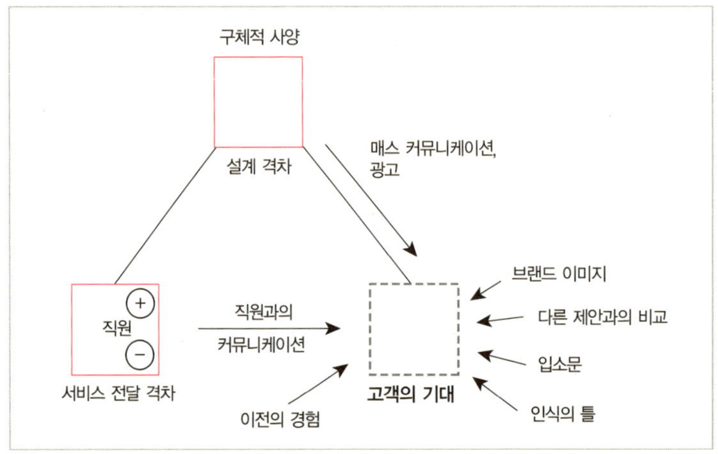

봤다면, 이런 경험은 기대수준을 결정하는 데 결정적인 역할을 할 것이다.

가치 격차_인식 vs 기대수준

마지막으로, 고객의 만족과 고객이 그 서비스에 대해서 기꺼이 대가를 지불할지는 인식과 기대수준 간의 비교에 의해서 결정된다. 이러한 비교는 복잡한 과정이지만 쉽게 표현할 수 있다.

$$\text{가치 격차}_{\text{value gap}} = \text{인식}_{\text{perception}} - \text{기대수준}_{\text{expectation}}$$

[그림 6.6] 가치 격차

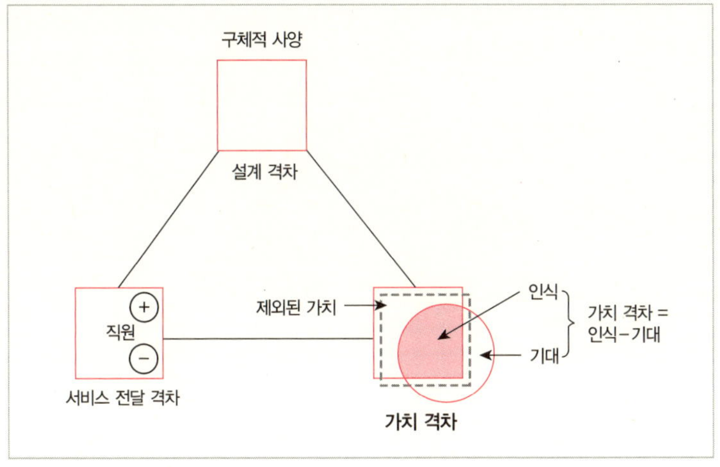

이것은 주관적인 공식으로서 유동적이고 일관성 없고 변덕스러운 인식 필터에 의해서 영향을 받는다. 그러나 뒷장에서 언급하겠지만, 서비스 수행직원에게 가치격차에 대하여 교육시키는 것은 매우 중요하다. 교육은 직원들을 더 적극적으로 만들고, 고객들의 서비스에 대한 인식을 향상시키고 고객들의 기대수준을 조절할 줄 알게 하며, 고객에게 약속은 적게 하고 서비스 전달은 더 많이 하게 만든다.

결론_ 프론트 스테이지에서의 3가지 격차를 줄여라

백 스테이지에서 상품의 품질이란 동일성conformity에 관한 것이다.

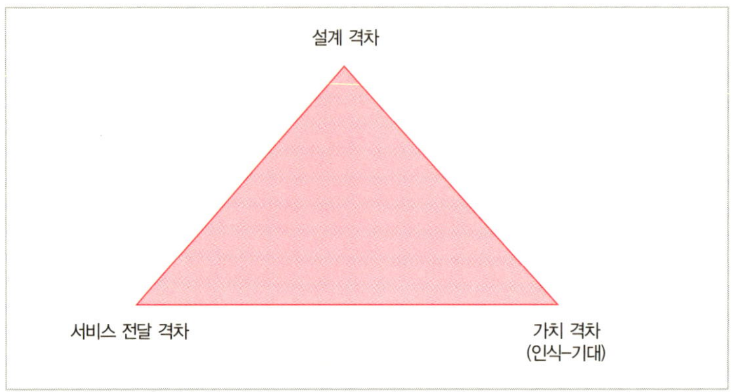

그러나 프론트 스테이지에서의 서비스 품질은 세 가지 격차(설계 격차, 서비스 전달 격차, 인식 격차)를 줄이도록 노력해야 한다. 이 세 가지 격차들은 서비스 삼각형의 세 꼭지점과 쉽게 연관되는데, 이것은 서비스의 특별한 성질을 설명하는 데 매우 귀중한 표현방식이다.

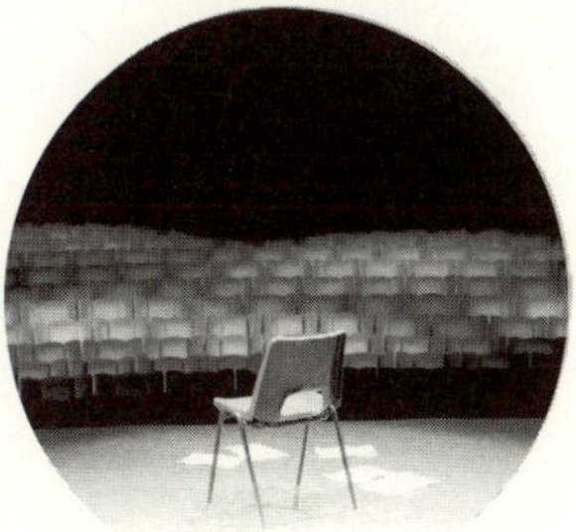

세 가지 품질 활동

MOVEMENT OF QUALITY

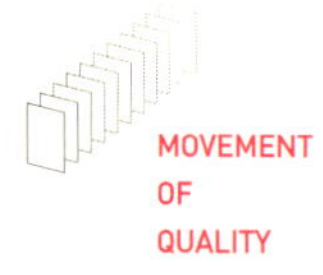

품질에 대한 어떤 접근법이든지 그 핵심에는 세 가지의 기본적인 방식, 즉 고객에게 가치를 주기 위해 서로 맞물려 움직이는 세 가지 활동들이 있다. 세 가지 활동들을 이 장에서는 따로 떼어 별도로 분석하고 있으나, 그들은 같은 우산 밑에서 고려해야 하고, TQM, 카이젠Kaizen, 식스시그마Six Sigma 또는 변화가속화 프로그램 Change Acceleration Process 등과 같은 역동적인 변화 프로세스에 의해서 연결될 필요가 있다.

첫 번째 활동은 프론트 스테이지뿐만 아니라 백 스테이지에서 일을 바르게thing right 하기에 관한 것이다. 두 번째 활동은 고객을 위해서 바른 일right thing 하기에 관한 것이다. 즉, 인식과 기대 사이의 가치 격차를 채우는 것이다. 그리고 이것은 세 번째 활동을 가동시키는데, 그것은 고객의 소리가 조직 안에서 업무 프로세스를 따라 올라가 백 스테이지 저 먼 구석까지 들리게 하는 개선과 차별화에 관한 것이다.

첫 번째 활동,
모든 사람은 일을 바르게thing right 할 책임이 있다

● 백 스테이지 작업들

이야기를 백 스테이지에서 유형적인 상품을 갖고 시작해보자. 상품은 정사각형으로 표현된다. '사각형' 사람들에 의해 디자인됐기 때문이다. 그들은 표준, 사양, 오차와 정량적 측정에 사로잡혀 있는, 네모난 시야를 갖고 있는 사람들이다.

[그림 7.1] 무결점

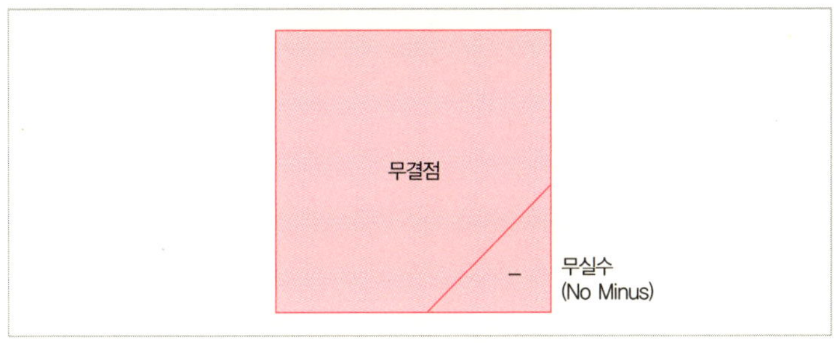

일을 바르게 하기doing the thing right 란, 무결점 혹은 실수 없는 작업을 암시한다, 그러나 완벽함을 의미하지는 않는다. 즉, 이것은 상품의 주요 특성들이 허용할 만한 오차한계 안에 있어야 함을 암시한다. 상품의 생산은 무작위적인 현상random phenomenon이다. 생산공정이 잘 관리될 때, 마지막에 형성되는 상품의 분포범위는 작고 무작위적이고 보편적인 원인들 때문에 생긴 변종들이 분포된 결과로서, 잘 알려진 종모양 곡선인 '정규' 분포를 형성한다. 결과들은 명목값 주위에 대칭적으로 분포되고, 분산은 표준편차 '시그마'에 의해서 측정된다(그리스 문자 δ).

상품의 분포범위가 디자인된 오차한계 내에 있는 한, 상품은 훌륭하다. 그리고 상품의 특성이 오차한계 내에 있는 모든 상품들은 똑같이 훌륭하다. 이들 한계 밖의 상품들은 불량품으로 간주되고 폐기되거나 유상으로 수리해야만 한다.[i]

오차가 평균값으로부터 3표준편차에 있을 때, 백 개당 0.135개의 불량상품이 분포곡선의 양쪽에 있게 된다. 0.135퍼센트는 합리적으로 보일 수도 있다, 그러나 0.135퍼센트를 백만 개에다가 적용하면 백만 개당 1,350개가 된다. 이것은 수천 개의 부품으로

[그림 7.2] 3시그마에서의 한도

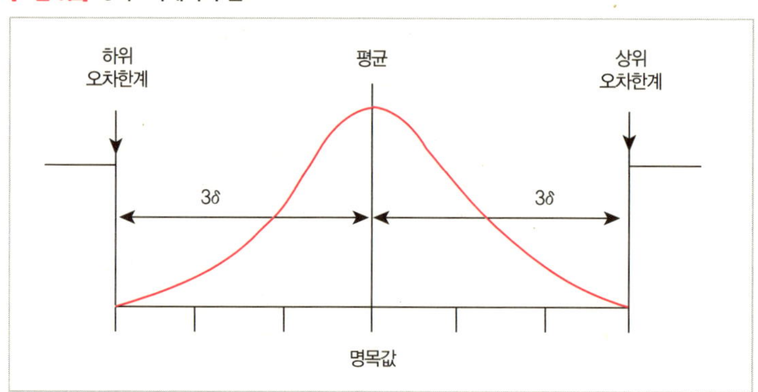

구성된 복잡한 시스템의 제조에서는 절대 허용될 수 없다! 4표준편차의 오차라면, 불량률은 백만 개당 30개의 결함으로 떨어진다(1백만 개당 오차한계를 넘어서는 경우가 30번 발생). 그러나 6표준편차라면, 불량률은 근본적으로 제로다. 즉, 백만 개당 0개[ii]인 것이다. 모든 이의 꿈! 식스시그마. 모토롤라의 유행어 이후 GE의 유행어가 된 이 말은 이미 빠르게 퍼지고 있다.

변동성은 일을 바르게 하기 위해서 반드시 부숴야만 하는 적이다. 그러나 어떻게 이 놀라운 수준의 품질을 성취할 수 있을까? 백만 개의 물품이 들어 있는 상자 안에서 한 개의 불량품을 찾아

[그림 7.3] **6시그마에서의 한도**

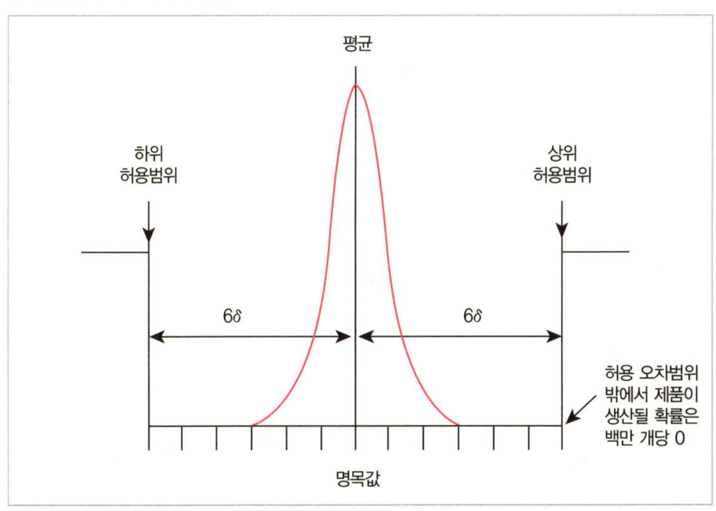

---

ii 평균값의 이동을 1.5δ씩 하는 경우에는(예를 들어 도구의 미세한 차이 등으로), 결함률은 백만 개당 3.4개의 부품까지 나올 수 있다.

내기 위해 검사하거나 샘플조사를 하는 것이 가능할까? 분명히 가능하지 않다. 이 도전에는 단지 하나의 가능한 접근법이 있을 뿐이다. 즉, 에드워드 데밍Edward Deming[1]이 1950년 일본에 소개한 그 유명한 통계적 공정관리SPC, Statistical Process Control가 바로 그것이다. 그의 메시지는 간단하다. "대량 검사할 생각을 하지 말고 프로세스를 관리해라Move from mass inspection to process control."

SPC접근법을 설명하는 최선의 방법은 아주 단순한 예를 드는 것이다. 여러분은 하루에 백만 개의 전통 영국식 푸딩을 불량품 없이 만들려고 한다. 푸딩의 모든 주요한 최종의 특성들은 명시된 오차 내에 있어야 한다.

수량화가 가능한 곳에서는, 각 사양은 명목값과 허용 가능한 변형을 보여주는 오차 범위로 표현된다.(몇몇 특성들의 경우, 수량화가 매우 어려워서 작업자들은 질적인 판정을 해야만 하는데, 그러나 이것은 또 다른 문제이다.) 예를 들어 푸딩의 높이는 10센티미터의 명목값과 9.9센티미터와 10.1센티미터 사이의 오차를 가져야만 한다.

해결책은 결과에 영향을 주는 핵심작업과정 매개변수를 찾아 내는 것이다. 처음에는 많은 수의 매개변수들이 상품의 최종 특성에 영향을 주는 것으로 나타난다. 그러나 더 근접한 정밀조사와 조직적 실험을 하고 나면, 영향을 끼치는 변수는 극소수만 남게 될 것이다. 인과분석 도표cause-and-effect diagram로도 잘 알려진 유명한 물고기뼈 도표fishbone diagram는 이들 몇 개의 결정적인 매개변수

[그림 7.4] 백 스테이지 작업과정을 위한 물고기뼈 도표

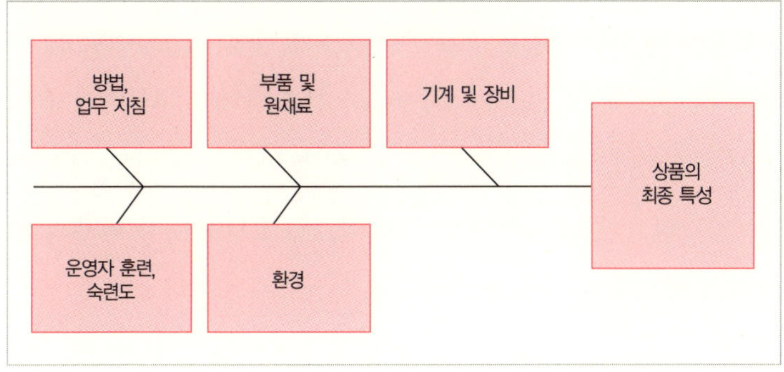

들을 분리해내도록 도와주는데, 그것은 일반적으로 5개의 범주로 재편성된다(그림 7.4).

물고기뼈 도표 혹은 인과분석 도표 [2]

생각나는 첫 번째 아이디어는 주요 재료의 품질을 관리하고, 원료의 허용 가능한 변동 한도를 신중하게 정하는 것이다. 이것은 조직적인 실험과 작업과정 매개변수를 최종 특성과 연결하는 연관성 분석을 필요로 한다. 다음 단계는 이 재료의 비율과 요리법을 정하는 것이다. 그 다음엔 기계와 장비들이 등장한다. 즉, 오븐 속 온도나 요리시간의 허용 가능한 변화 한도를 재기 위한 장비들 말이다. 결정적인 매개변수들이 정확한 변동 한도 안에서 유지되고 요리사들이 구체적인 처리절차를 준수하는 한, 상품의 최종 특성은 처음 생산할 때부터 올바를 것이고 매번 같을 것이다.

검사를 통해서 최종 결과물을 통제하는 방식은(이것은 너무 늦고 매우 비싸다) 작업과정을 직접 통제하는 방식으로 바뀌어왔다. 이렇게 하기 위해서는 노하우와 학습과 같은 예방조치에 대한 선투자가 필요하다. 이 투자비용은, 고객의 호의를 얻게 되는 것은 말할 것도 없고, 나중에 발생할 검사, 실패, 교정과 보장 비용의 절감을 통해 보상될 것이다. 최종 특성이 미리 결정된 한계를 넘어갈 때, 상품들을 조사하고 골라내야만 한다. 이것은 작업과정을 무시한 것에 대해 치러야 하는 비용이다. 그러나 시행착오가 거칠고 비효율적인 방법임에는 틀림없겠지만, 작업과정이 완전히 이해되지 않았을 때는 이 방법이 유일하게 가능한 해결책이다.

작업과정을 통제하기 위해서 작업자들은 규칙적으로 최종 결과물들을 측정해야 한다. 즉, 한 가지 특성이 미리 결정한 통제 한계를 초과하자마자 그들은 이 변종의 원인을 알기 위해서 작업과정을 멈추고 고쳐야만 한다. 그들은 물건들을 올바르게 만들기 위해서 어느 매개변수를 조정해야 하는지 찾아내야만 한다. 이런 방법으로 그들은 작업과정에 대하여 더 배우고, 표준과 체크리스트의 형식으로 지식을 축적한다. 이렇게 그들은 학습, 즉 습득을 계속해 나간다.

그러나 푸딩 높이에 대한 오차는 10+0.1센티미터가 돼야 한다고 누가 결정했을까? 마케팅과 디자인 팀이 결정한다. 몇 가지 이유 때문에, 지금 그들은 +0.05센티미터까지 오차를 줄이기로 결정할지도 모른다. 이것은 작업자들에게는 일을 어렵게 만들 것이다. 왜냐하면 그들은 새로운 요구를 준수하기 위해서 어떤 매개변수를 조정해야 하는지 찾기 위해 더 많은 실험을 해야 하기 때문이다.

이 간단한 예를 통해 볼 수 있듯이, 표준도 업무처리 절차도 영원하지 않다. 그것들은 규칙적으로 조정되고, 갱신되고, 모든 당사자들에 의해 검증되어야 한다. 해결책은 개발 또는 생산의 모든 단계에서 예방조치를 취하고 학습하는 것이다. 모든 사람이 품질에 책임이 있다. 자기가 맡고 있는 작업과정을 관리할 책임이 있는 것이다.

SPC접근법이 갖고 있는 문제는 그것이 매우 기술적으로 보여서, 재무 및 비즈니스 결과를 놓고 말하고 싶어하는 관리자들이 거리감을 느낀다는 것이다. 그래서 컨설턴트들은 품질은 경제적인 솔루션이며 좋은 비즈니스를 의미한다는 것을 보여주기 위해 '품질의 비용' 개념을 폭넓게 사용하고 있다.

이 개념은 비용절감 접근법은 아니다. 이른바 '치즈 슬라이서 cheese slicer' 접근법이라 불리는 비용절감 접근법은 모든 조직에 걸쳐 획일적으로 많든 적든 똑같은 금액의 비용을 절감하는 방식이다. '품질의 비용' 아이디어는 뒷단계에서 들어가는 평가 비용과 실패 비용을 줄이기 위해서 앞단계에서 예방책에 투자를 하는 것이다. 품질 비용은 4개의 비용으로 구성된다.

- **예방비용**prevention costs : 프로젝트 검토, 디자인 검토, 검증, 훈련, 유지보수, 개선 프로젝트, 실험 설계, 운영 절차, 업무 지침 등등. 이것은 학습, 예측, 지식에 관한 것이다.
- **평가비용**appraisal costs : 시험, 검사, 감사 활동, 제어정보 처리, 보고서, 납품업자 평가, 자격증 등등.
- **내부실패비용**internal failure costs : 말소, 재작업, 시간손실, 반품, 비활용 수용능력, 엔지니어링 변경.
- **외부실패비용**external failure costs : 반품, 리콜, 고객불만, 교체, 보상, 현장서비스, 보증수리, 책임수리, 상품 배상책임 등등

품질 부적합의 총비용total cost of nonconformance[3]은 이 네 가지 비용의 합계이다. 이런 사실에 대하여 아직 제대로 인식하지 못하고 있는 회사의 경우, 이 비용은 판매 매출의 20퍼센트까지 다다를 수도 있다. 숨겨진 금광이다. 예방책에 투자함으로써 품질에 대한 전체 비용을 획기적으로 줄일 수 있다(그림 7.5).

예방책에 대한 투자의 가치는 간단한 예들로 설명할 수 있다. 어떤 장비의 특정 부분에 결함 있는 저항장치가 설치되는 것을 예방하는 비용을 임의로 1(원자재 검사 비용)이라고 가정하자. 만약 이 저항장치가 회로판 위에 납땜되어 있다면, 발견하고 수리하는 비용은 10배(문제를 진단하고 고치는 데 소비되는 시간) 더 커질 것이다. 만약 그 결함이 최종 검사에서 식별된다면, 그 비용은 다시 10배

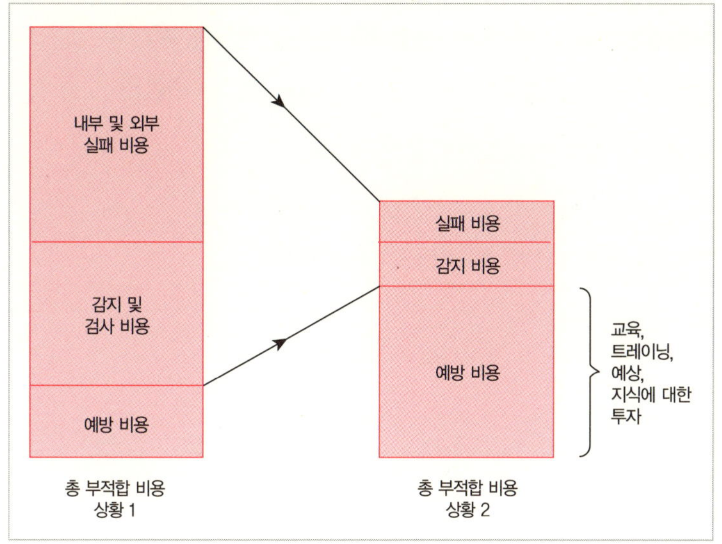

가 될 것이다. 상품이 사용자의 손에 넘어간 후 고장 난다면, 수리 비는 또다시 10배로 불어날 것이다. 그래서 예방책에 1을 투자함 으로써, 1000배의 결함 발견 비용과 실패 비용을 줄이는 것이 가 능하다.

결론적으로, 백 스테이지에서 일을 바르게 하는 것은 예방의 원 칙에 기초한다. 모든 사람은 자기가 맡고 있는 작업과정을 이해하 고 관리할 책임이 있다. 모든 사람은 또한 정기적으로 갱신되는 표준, 규칙, 업무 처리절차들을 지속적으로 학습해야만 하는 책임 이 있다.

● 프론트 스테이지 작업들

작업과정 관리는 프론트 스테이지에 어떻게 적용되는가? 각각의
진실의 순간moment of truth을 지배하는 불확실성의 커다란 근원들이
물고기뼈 도표상에 표시되어 있다.

[그림 7.6] 프론트 스테이지 작업과정을 위한 물고기뼈 도표

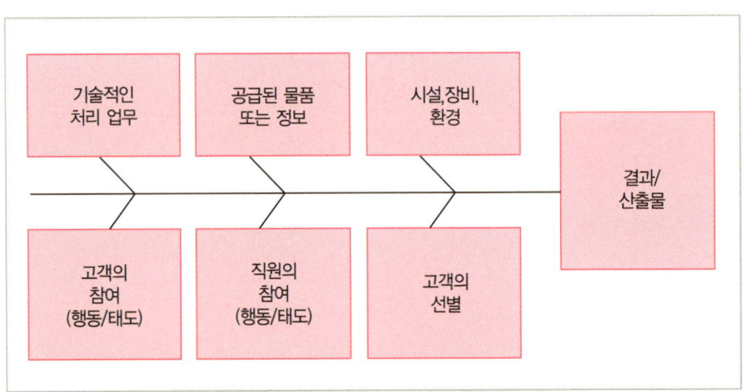

서비스 전달의 일관성을 유지하는 것은, 상당히 예측 불가능한
'원자재' 인, 고객의 안정성과 동질성에 달려 있다. 서비스가 수행
되고 있는 동안 고객들의 행동과 참여는 빠르게, 또한 예기치 않
게 발전할 수 있다. 직원의 행동은 또 다른 변형의 근원이다.

● 고객 선별법screening

원자재는 정밀한 표준에 따라 제조공정의 초입에 검사된다. 이
와 유사하게, 프론트 스테이지로 걸어 들어오는 고객들을 심사

하고 준비시켜서 상호작용의 관리가 잘 이루어지도록 확실히 해야 한다.

이것은 적절한 정보나 분명한 신호를 통해서 가능할 수 있다. 즉, 어떤 활동들은 클럽 회원들에게만 허용되고, 몇몇 음식점들은 넥타이를 맨 남자 손님만 받아들인다. 학생들은 시험으로 가려지고, 입원 환자들은 예약된 수술을 위해 육체적 및 정신적으로 준비된다.

허용될 수 없는 행동을 하는 고객들도 있다. (비행기 객실 안으로 자신의 모든 여행가방을 갖고 타기를 원하는 경우처럼) 불합리한 요구를 하거나, (너무 시끄럽게 하거나 술에 취해서) 직원에게 거칠게 굴거나, 사회적 규범을 어기는 고객들도 있다. 고객들이 항상 옳지는 않다. 그리고 그들이 옳지 않을 때 예방이 치료보다 낫다. 이런 일들은, 입장하는 시점에 심사를 함으로써(신분증명 요구), 정보시스템의 이용으로(상습범을 구별해내기 위해서), (안전 규칙 혹은 장비 사용 방법에 대해) 설명서나 상기시키는 문구를 준비함으로써, 또는 경제적 제재를 통해서(보증금이나 계약으로) 예방할 수 있다.

● **행동과 태도의 지배**

표준 서비스의 전달과정은 엄격히 정의되고, 고객들의 기대는 제한된다.

맥도날드에서 최전방 직원과의 상호작용은 상품의 주문과 상품의 제시, 복장 규정과 손님맞이 예절과 같은 상세한 절차와 구체적인 규칙에 의해서 통제된다. 고객들은 자신들의 요구를 제한하도록 배웠다.

그래서 맥도날드는 동일성과 일관성을 보장할 수 있다. 예를 들어 팔리지 않은 햄버거는 몇 분 후에 폐기 처분해야만 하는가와 같이, 어떤 규칙들은 의무적이고 명백한 반면에 친절함과 공손함 같은 규칙들은 아직 '관대하고' 직원 개인들에게 맡겨져 있다.

그러나 표준화에는 한계가 있다. 관료적인 서비스 조직의 꿈은 기대하는 것을 정확히 아는 고객과, 가능한 한 적은 자유를 가진 직원을 갖는 것이다. 상상할 수 있는 모든 상황을 처리할 수 있도록 업무처리 절차를 정의하고, 기계화된 융통성 없는 서비스를 수행하도록 직원을 훈련한다. 그러나 고객들은 로봇에게 서비스 받기를 좋아하지 않는다. 그래서 필연적으로 고객과 직원이 서로 상호작용할 때, 고객들은 직원들에게 좀더 자발적으로 서비스하고, 좀더 고객 자신에게 맞는 개별적인 대우를 제공하라고 압력을 행사하게 된다.

콜센터에서 모든 상호작용을 관리하는 주요 변수들은 (응답속도와 포기율과 같이) 쉽게 측정할 수 있거나, (정확성 및 친절과 같이) 좀더 질적인 것이다. 그런 것들이 〈그림7.7〉에 있는 물고기뼈 도표에 표시되어 있다.

정성적 변수들을 관리하기 위해서, 품질 관리자나 팀 리더는 전문성의 수준 혹은 응답의 친절성을 평가하기 위해서 상담원이 수행하고 있는 통화 가운데 몇 개를 직접 듣곤 한다. 그렇게 하는 목적은 피드백을 주고 직원의 발전을 도우려는 것이다. 그러나 작업 과정을 관리한다는 것은 사람들의 행동을 관리하는 것을 의미한다. 몇몇 직원들은 관리자의 이런 감독하는 방식을 좋아하지 않고, 신뢰와 코칭을 더 선호할 것이다.

서비스가 더 고객맞춤형이 될수록 규칙은 더 느슨해진다. 규칙은 작업을 가이드하고 반드시 성취해야만 하는 결과를 설명하는 직원 강령이나, 원칙 또는 좌우명의 형태를 갖게 된다. 서비스 품질은 엄격하고 융통성 없는 규칙보다 가치, 전문성, 숙련도에 더 의존한다.

의사소통이 일관성 있게 이루어진다면 지침, 원칙, 목표는 최전방 직원들에게 더 많은 자율권을 준다. 예를 들어 페더럴 익스프

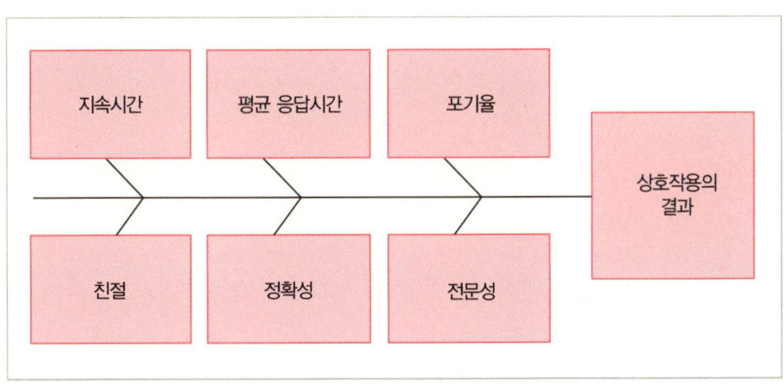

레스Federal Express 사의 "문제 없어요! 할 수 있어요, 하룻밤 사이에 Absolutely, positively overnight"라는 슬로건은 종종 직원들을 고취시켜서 고객들을 만족시키기 위해 추가적인 노력을 더 기울이도록 만든다. 리츠칼튼 호텔에서는, "우리는 신사 숙녀에게 서비스 하는 신사 숙녀들이다" 와 "리츠칼튼 호텔은 손님에 대한 진실한 보살핌과 안락함이 최상의 목표인 곳이다"와 같은 사훈과 원칙이 단단히 뿌리를 내리고 있어서 강하고 독특한 문화를 창조하고 있다.

품질관리를 위해서는 예방이 해답이다. 태도, 행동, 전문성에 대해 말하자면, 해결책은 바로 직원과 고객을 선별하고 훈련하는 일에 투자를 많이 하는 것이다.

두 번째 활동,
고객을 만족시키기 위하여 바른 일 하기

멍석은 깔렸다. 배우들은 그들의 역할을 배웠고, 자기의 배역을 연기할 것이다. 고객을 입장시켜라. 가치는 서비스 전달과 인식 간의 교차점에서 발생한다. 또한 가치는 정사각형 모양의 대본과 원 모양의 고객의 요구와 기대 사이의 교차점에서 발생한다. 푸딩의 품질을 증명하려면 먹어봐야 한다.

인식은 편향적이고 변덕스럽고, 기대수준과 경쟁사의 상품에 의해서 변질된다. 최전방 직원들은 어떻게 원을 사각형에 맞출 수

[그림 7.8] 푸딩의 품질을 증명하려면 먹어봐야 한다

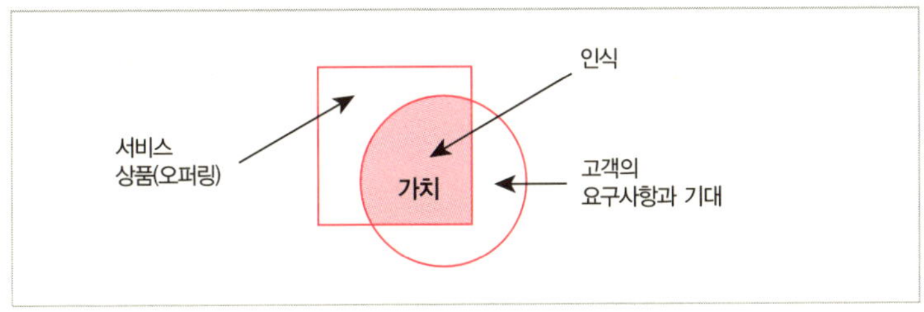

[그림 7.9] 원을 사각형에 맞추기

있을까?

고객 만족은 고객의 인식과 기대 사이의 차이로 표현된다. 만약 인식이 기대수준을 초과하면 가치 격차는 긍정적이고, 아마도 고객은 기뻐할 것이다.

최전방 직원들은 고객만족을 관리하기 위해서 세 가지 방편을 갖고 있다. 첫째는 가치를 극대화하는 것이고, 둘째는 고객의 인식에 영향을 주는 것이고, 셋째는 고객의 기대수준을 형성하는 것

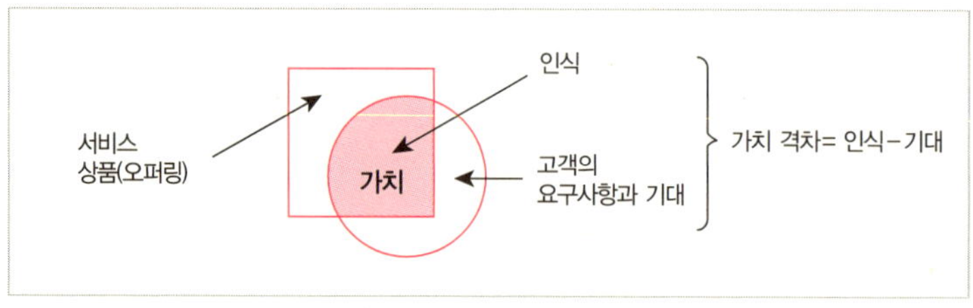

이다. 최전방 직원들은 이 세 가지 목적을 달성하기 위한 적합한 일을 해야 한다.

● 올바른 일 하기와 고객 맞춤형 서비스 전달

올바른 일이란 고객들이 가치를 인정하는 일이다. 최전방에 있는 직원들이 수행하는 일의 일부는 아마 고객들에게 인식되지 않을 수도 있다. 예를 들어 교수나 변호사들이 바로 이런 경우인데, 그들의 메시지는 보통 사람들은 알아들을 수 없을 때가 있다. 전문가들은 종종 기술적인 측면에 초점을 맞추기 때문에, 고객에게 설명하고 고객으로 하여금 배우고 공헌할 수 있는 기회를 주는 것의 중요성을 망각하곤 한다. 잘 알려진 좌우명 중에 "문제를 해결하기 전에 고객을 먼저 해결하라 Fix the customer before you fix the problem !"라는 말까지 있지 않은가. 안심시키기, 공감하기, 즉각 대응하기 등은 고객과의 관계에 핵심 요소들이다. 일부 직원들의 관심 부족으로 회사가 고객을 잃는 경우가 왕왕 있다.

더군다나 모든 고객들은 자신이 고유하다고 느끼고 있는데, 이런 고객들을 위해 맞춤형으로 서비스를 전달하는 것은 최전방 직원들의 손에 달려 있다. 그러므로 회사는 융통성 있는 작업과정을 만들어서 직원들을 지원해주어야 한다. 직원들은 고객과의 관계를 완전히 장악하고, 상황이 요구한다면 규칙을 변형하여 적용하고, 필요할 때는 언제든지 원형을 부수고 추가적인 서비스를 제공할 수 있을 만큼 충분히 자유로워야 한다. 직원들은 현장에서 즉시 올바른 일을 하고, 그리고 나서 필요하다면 정해진 표준과 절차를 조정하기 위해 회사에 보고를 해야 한다.

● **인식에 영향을 주기**

인식은 주관적이고, 변덕스럽고, 많은 선입견에 의해서 비틀어져 있다. 인상은 습득된 패턴, 즉 준거의 틀에 의해서 여과되고 경험에 의해 모양이 잡힌다. 서비스에 대한 경험은 무형이므로, 고객들은 자신들의 용어를 사용한 설명이 필요하다. 고객들은 실마리와 유형의 요소들을 찾는다. 그들은 자신들의 의견에 대해 확인받고 싶어하며, 자신들의 믿음을 방해하는 것은 거부하거나 무시하는 경향이 있다. 그리고 무언가가 잘못될 때 그들은 잘못에 대해서 이성적으로 판단하지 못하고 지나치게 일반화한다. 작은 세부사항이 전체 그림을 망칠 수 있다. 모든 인상들이 똑같은 중요성을 갖는 것은 아니다. 첫 인상과 마지막 인상, 감정적이고 생생한 순간들이 전체 경험을 결정한다.

● **기대수준 형성하기**

최전방 직원들은 고객의 기대수준을 분명하게 하려고 노력하고, 공정한 의사소통과 달성 가능한 약속을 통해 고객과의 '계약 contract'의 윤곽을 정하려고 할 것이다. 잘 알려진 법칙은 약속은 적게 하고 서비스 전달은 넘치게 하는 것이다. 그러나 고객의 기대 수준은 대개 직원들이 통제할 수 있는 범위를 벗어나 있다. 직원들이 회사 내부의 업무지원 프로세스와 백 스테이지 시스템의 역량에 관하여 잘 알고 있으며, 그에 맞춰서 약속을 하는 것이 매우 중요하다.

● **고객만족 측정**

고객이 가치를 인정하는 것들은 고객의 용어로 측정되어야 한다. 프로그레시브 인슈어런스Progressive Insurance 사는 보험사정인의 생산성을 측정하는 대신에, 자동차 사고시점부터 보험사정인의 도착까지의 경과시간이나 사고일부터 보상금이 지불되기까지의 경과 일 수를 측정한다.

서비스 품질지수service quality index 는 가치에 영향을 주는 핵심 요인들의 결과값들을 요약한 것이다. 고객들은 다양한 인상들을 더해서 최종 판단을 내리기 때문에 먼저 전반적인 만족도를 측정해야 한다. 측정도구measurement instrument 는 후속 행동을 이끌어내는 것이어야만 유용하다. 그러므로, 측정도구는 고객접점의 매 순간마다 어떻게 전반적인 만족감이 만들어지는지를 보여주어야 한다. 휴가와 관광업을 하는 회사인 클럽메드Club Med사는, 고요함과 청결함 그리고 편안함과 같은 주요 관점에 따라 각 마을에서 서로 다른 상호작용 순간의 만족도를 측정한다. 이 정보들로 '마을 지표village barometer'를 만든다.

고객들이 무엇을 생각하는지 추측하려 하지 말고 외부 대행사를 시켜서 고객들에게 묻거나 고객들의 행동을 관찰하는 것이 중요하다. 전화를 통한 조사가 많이 쓰이는 방법인데, 신속하고 상당히 저렴하면서도 우편이나 고객의견 카드보다 덜 편향적인 반응을 얻을 수 있기 때문이다. 많은 회사들이 미스터리 쇼퍼mystery shopper(암행 손님, 서비스나 품질 등에 대한 정보를 캐려고 손님을 가장해 방문하거나 전화를 거는 사람-옮긴이)뿐만 아니라 포커스 그룹focus group[iii]도 이용한다.

고객만족도를 직접 측정하는 방법에 추가적으로, 고객 불평은 정보를 획득할 수 있는 또 하나의 근원이다. 불만족한 고객들은 불평하기보다는 거래회사를 바꿀 가능성이 더 크다. 불평을 적극적으로 찾아내는 것이 중요한데, 왜냐하면 첫째는 고객의 피드백을 얻어서 개선하고, 둘째는 고객들을 되찾을 기회를 갖기 위해서다.

[iii] 8~10명의 고객들을 한 방에 모아서 심도 깊은 인터뷰를 통해 서비스의 장점과 약점, 고객만족의 중요한 기준, 핵심적인 사건들과 다른 요소들을 질문한다.

● **회복**recovery

서비스 실패가 발생했을 때 최전방 직원은 빨리 고객을 회복시키는 노력을 해야 한다. 왜냐하면 재작업rework을 해야 하는 것이 불 보듯이 뻔하기 때문이다. 직원들이 즉각적으로 대응함으로써, 사고에 대한 기억이 고객에게 오랫동안 남는 것을 막을 수 있다. 고객들이 항상 옳은 것은 아니지만, 만약 직원들이 고객의 불평을 들어주고 즉시 그리고 효과적으로 대응한다면 고객들은 진정한다. 최선의 행동방침은 어떤 문제가 불평으로 바뀌기 전에, 문제를 그 근원—문제가 발생한 시점—에서 해결하는 것이다. 비록 불평을 접수한 사람이 불평을 해결할 방법이나 정보를 언제나 갖고 있는 것은 아닐지라도, 그는 고객의 말을 듣고 명확한 설명을 할 준비가 되어 있어야 한다. 그리고 현재의 기준을 수정하거나 비상대책을 수립하는 것과 같은 교정 활동이 회사 상부에서 취해질 것임을 확실히 해주어야 한다. 이런 교정 활동은 대체로 시스템 디자이너나 관리자의 책임이다.

이 문제에 대한 리츠칼튼 호텔의 정책은 다음과 같다. 고객의 불평을 접수한 직원은 누구든지 그 불평을 '소유own'한다. 그러므로 그는 고객을 진정시킬 의무가 있다. 그는 즉각적으로 그 문제를 교정하기 위해 신속하게 대응해야 하고, 20분 안에 문제가 확실히 해결되어 있을 것이라는 것을 고객에게 확신시켜야 한다. 실제로 모든 직원은 화난 손님을 진정시키기 위해 2,000달러까지 비용을 사용할 권한이 있다. 그리고 나서 사고기록 보고서를 작성하여 그 문제를 근원적으로 해결할 책임이 있는 부서에게 고객불만을 전달한다.

● 고객의 가치(회사를 위한)

고객만족은 지속적으로 고객을 유지하고 고객의 충성도로 이어지는 동안에는 유용한 지표이다. 고객만족과 충성도 사이의 상관성은 거래 회사를 바꾸는 비용이 높거나 독자적인 기술을 가진 사업의 경우에 상당히 강한 편이다. 그러나 극심한 경쟁 환경 속에서 이 상관관계는 불분명해지는 경향을 보이고 있다.

'새는 양동이leaking bucket'의 비유는 충성도가 높고 수익성 있는 고객들의 안정된 기반을 유지하는 것의 이점을 설명한다, 새로운 고객을 얻는 것보다 기존 고객을 유지하고 이탈을 줄이는 것이 덜 비싸기 때문이다.

[그림 7.11] 수익성 있는 고객에게 초점 맞추기

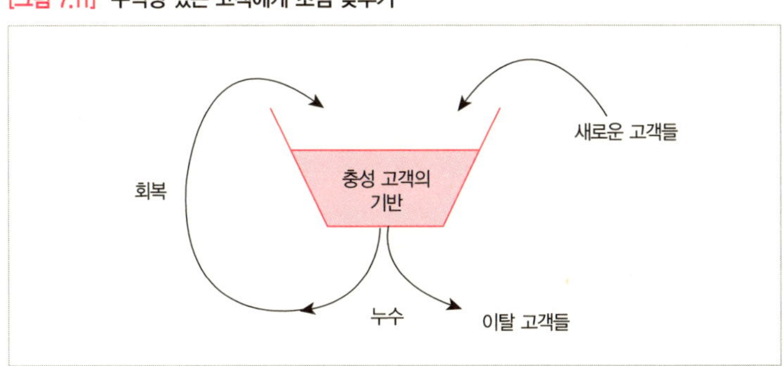

고객만족도 측정은 고객 이탈을 측정하는 방법의 하나이다. 그러나 한정된 자원 때문에 회사는 가장 수익성이 높은 고객들에게 초점을 맞춰야 한다. 어떤 경우에는 파기된 계약, 반품된 장비, 취소된 신용카드 혹은 비활동 계좌의 수를 보고 고객 이탈을 직접 측정할 수 있다. 이탈하려고 하는 수익성 있는 고객들을 식별해낼 수 있다면, 특별한 노력을 기울여 그들이 다시 돌아오도록 설득할 수 있을 것이다. 어떤 경우에는 이들 떠나는 고객들이 유용한 피드백을 제공해줄 수도 있다.

칼 스웰Carl Sewell [4]의 설명을 인용해보자.

당신은 누군가와 단 한 번만 거래하기를 원치 않는다. 당신은 영원히 그와 비즈니스 하기를 원한다. 우리는 고객에게 자동차를 한 대만 팔려는 것이 아니고, 그 고객에게 앞으로 10대고 20대고 계속 팔기를 원한다. 만약 자동차가 대당 25,000달러라면, 12대는 300,000달러다. 거기에 자동차를 유지하기 위해서 계속 소요되는 부품들과 서비스 작업의 수입이 더해진다. 이것은 상당한 액수인데, 우리의 경우는 332,000달러나 된다. 당신이 고객에게 상품 하나를 팔 때마다—그것이 껌 한 통이거나 자동차이거나—당신은 그 고객과 미래에 얼마나 더 많은 비즈니스를 하게 될 것인지 생각할 필요가 있다.

브리티시 에어웨이British Airways 사의 경우, 실버카드 소지자의 '평생lifetime' 가치는 약 120,000달러이다. 반복적인 비즈니스를 통해 기본적인 수익을 얻고, 거기에 범위의 경제economies of scope 와 교차판매cross-selling 가 추가된다. 오래된 고객일수록 대체로 더 많

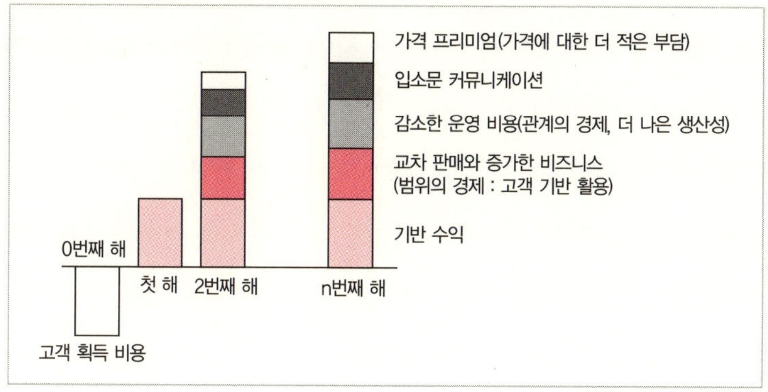

은 서비스를 산다. 게다가 같은 고객과의 거래는 관계유지 비용을 줄여준다(운영비뿐만 아니라 판매와 마케팅 비용까지). 또한 이런 안정된 고객 기반은 입소문을 통한 커뮤니케이션의 견고한 기초다. 입소문이야말로 서비스 광고의 가장 효과적인 형태다. 마지막으로, 정기적으로 거래하는 고객은 가격에 덜 민감하다. 〈그림7.12〉는 충성도가 높은 고객의 가치를 정밀하게 표현하고 있다.

● 가치의 '플러스' 와 가치 재창조

올바른 일을 바르게 하는 것doing the right thing right 만으로는, 혹은 일이 잘못됐을 때 신속한 회복recovery 조차도, 고객들을 확신시키고 유지하기에는 충분하지 않을 수 있다. 기대하지 않았던 차별화, 즉 고객을 단순히 만족시키는 것을 넘어 기쁘게 할 경쟁력 있는 차별화를 제공할 필요가 있다. 비행기표는 단지 비행기표일 뿐이다. 무엇이 이 비행기표와 다른 비행기표 사이의 차이를 만들까? 안전성은 중요한 요소 중의 하나이지만, 항공산업에는 안전성 기준이 있기 때문에 다행스럽게도 모든 회사들은 같은 수준의 안전성을 제공하고 있다. 대답은 부차적secondary이지만 결정적determinant인 측면들에 있다. 그 가운데 운항빈도나 편안한 좌석 등은 설계단계에서 만들어지는 요소들이다. 그런데 미소, 유머, 응대성responsiveness 등도 역시 차별화를 만들어낼 수 있는 요소다. 사소한 추가 요소가 결정적 이점을 만들어낼 수 있는 것이다. 예를 들어, 사우스웨스트 에어라인Southwest Airlines 사에서는 고객에게 즐거움을 주는 것을 매우 중요하게 생각한다. 유머는 직원 채용기준 리스트의 최상위에 있다. 인터뷰 과정에서, 장래성 있는 직원들에게 하는 전형적인 요청 사항은 "어려운 상황을 완화시키기 위해서 유머를 사용해본 경험을 말해보라"는 것이다.

불행하게도, 만약 '플러스plus'가 시장점유율을 늘리는 데 도움이 된다면 경쟁자들은 곧 그것을 베끼거나 더 좋게 만들 것이다. 회사는 새로운 차별화를 계속 창조해야 하며, 결국은 가치를 재창조해야 한다. '관료적인bureaucratic' 환경에서조차도 최전방직원들은 종종 주도권을 갖고 규칙을 상황에 맞게 적용하거나 절차를 조정한다. 그러나 만약 조정이 제한적이고 국지적이고 전체 시스템으로 전달되지 않는다면, 조직은 '관료적'으로 남는다. 학습도 없고 발전도 없을 것이다.

만약 성공한다 할지라도 조직은 월계관을 쓴 채 안주할 수는 없다. 그들은 계속 개선하고 가치를 재창조해야 한다. 이것은 세 번째 활동으로 이어진다. 이제 품질 역학quality dynamic 이 시동을 건다.

세 번째 활동, 작업과정 정렬의 역학The dynamic of process alignment

개방된 환경에서, 치열한 경쟁 압력 하에서 생존하기 위해서는 계속 변화하는 고객들이 인식하는 가치를 극대화하기 위한 끝없는 적응이 필요하다. 처음에 일을 바르게 하기 위해서 그리고 두 번째엔 더 잘 하기 위해서, 조직은 고객의 소리에 항상 귀 기울이고 있어야 한다. 고객의 소리가 조직 전체를 최전방에서부터 후선의 가장 먼 구석까지 휩쓸 때, 개선의 원천은 무궁무진해진다.

모든 사람은 고객의 소리를 들어야 한다. 고객은 요구가 매우 많은 사장이다. 그러나 대부분의 회사는 이 아이디어에 대해 입에 발린 소리만 한다. 그들은 "고객은 우리의 제 일순위" 혹은 "고객은 항상 옳다" 혹은 "우리는 고객에 초점을 맞춘다"와 같은 훌륭한 결의를 보여주는 포스터를 붙이거나 래미네이트카드(비닐 코팅 카드–옮긴이)를 찍어낸다. 이런 의식만으로는 별로 성과를 내지 못한다. 성과를 내려면 조직적이고 훈련된 내부 인력의 동원과, 모든 상호작용을 매끄럽게 이어주는 경험을 제공하는 방법론의 끊임없는 여정, 그리고 최전방에서부터 후방까지 전 조직에 걸쳐 핵심 업무처리 과정의 정렬이 뒷받침되어야만 한다. 이 과정에서 어려운 과제는 조절하며 조심스럽게 추진할 것인가, 그렇지 않으면 신속하게 추진할 것인가 사이의 긴장과, 이미 취한 이득을 유지할 것인가 아니면 계속 전진할 것인가 사이의 긴장을 관리하는 것이다. 이런 맥락에서 지속적인 개선continuous improvement은 이미 정립되고 인정받은 피할 수 없는 인생의 현실이고, 일하는 방법이고, 운영하는 방법이다.

고객의 소리가 회사 내부에서 이 부서에서 저 부서로, 프론트 스테이지에서 백 스테이지로 전개될 때, 그 소리는 핵심 비즈니스 프로세스 상에 존재하는 모든 내부적인 고객-공급자 접점customer-supplier interface 에서 쪼개어진다. 그 소리는 각 접점에서 형태가 바뀌고 여과되고 구체화되며, 사양과 표준으로 수량화된다. 각 부서, 각 단위 조직은 내부 고객이며 동시에 공급자다.

[그림 7.13] 비즈니스 단위 조직의 고객과 공급자 측면

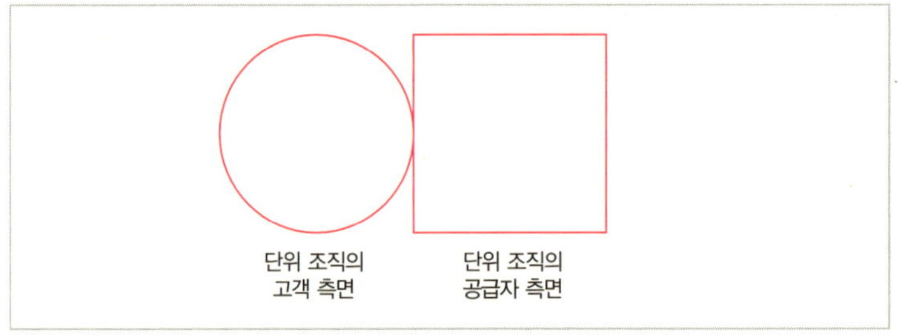

[그림 7.14] 비즈니스 프로세스 정렬

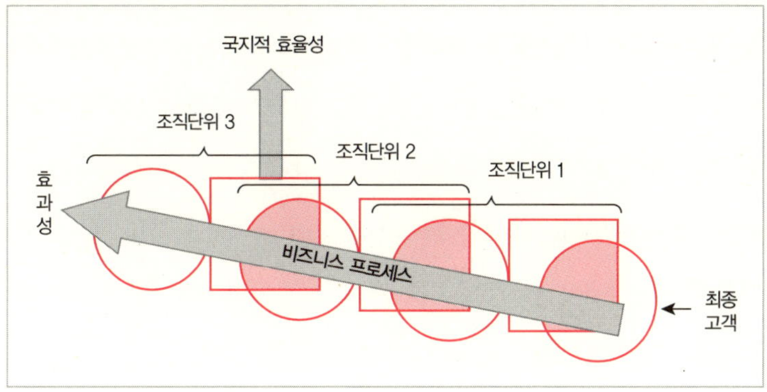

비즈니스 프로세스는 고객−공급자 관계사슬chain of customer-supplier relationship을 따라 배치된다(그림 7.14).

모든 비즈니스 단위조직과 부서 및 사업본부들은 불행하게도 그들 자신만의 국지적인 문화와 목표를 개발하고, 자신들의 '업무 영역' 밖의 문제와 요구들을 무시한 채 자신들만이 사용하는 사각형의 용어로 생각하는 경향이 있다. 그들은 개별적인 접근법silo approach에 따라서 국지적이고 수직적인 효율성을 만들어낸다. 그러나 서로 다른 단위 조직들을 재연결하고 장벽을 부수고 핵심 작업과정들을 따라감으로써, 제대로 작동하지 않는 기능, 낭비, 지체 및 부가가치가 없는 활동들을 드러나게 할 수 있다.

● 프로세스 개선과 리엔지니어링

서로 다른 단위조직들을 연결하는 핵심 프로세스의 지도를 그림으로써, 그 프로세스의 목적을 모든 사람들에게 선명하게 보여줄 수 있다. 그런 다음에 그 프로세스 소유자process owner 는 프로세스의 개선과 정렬의 역학을 시작할 수 있다. 내부 공급자와 고객 간의 간격을 줄이고 재연결함으로써, 직접 상호작용하는 것을 근간으로 조정이 이루어진다. 상황의 법칙law of the situation이 직원 개개인들에게 무엇을 해야 할 것인지를 가르칠 것이다. 이것은 위로부터 부과되는 권위의 법칙law of authority보다 덜 구속적이다.

네 가지 사례를 통해서 이 접근법이 어떻게 능률과 효과를 가져오는지, 그리고 업무처리 프로세스 상에 지금까지 축적되어온 낭비와 비만 혹은 마찰을 줄이는 데 이 접근법이 어떻게 도움이 되는지 알아보도록 하자. 일반적으로 말하자면, 고객이나 회사에 가치를 더해주지 않는 활동들에 낭비되는 자원과 직원들의 시간이 어느 정도인가 하는 것이 요점이다.

첫 번째 사례 : 내부 고객―공급자 관계

첫 번째 사례는 다른 내부 부서들을 위하여 수백 개의 보고서와 문서들을 생산하는 정보기술IT 부서에 관한 것이다. 이들 문서들 중 몇 개나 실제로 내부 고객에 의해 읽히고 사용되는지를 분석해보면, 절반 정도는 한 번 쳐다보지도 않는다는 것이 드러날지도 모른다. "왜 당신은 사용자들에게 그 정보가 아직도 유용한지, 아니면 그들의 요구가 바뀌었는지 묻지 않느냐?"라고 물어보면 대답은 거의 틀림없이 "시간이 없어요. 400개의 보고서를 만들어내야 하거든요!"일 것이다.

진짜 문제는 고객의 새로운 요구 혹은 신기술의 소개가 가져오는 압력 때문에 내부적 니즈와 외부적 니즈가 정기적으로 바뀌는 것이다. 이 새로운 니즈에 맞추기 위해서 고객-공급자 상호작용 customer-supplier interaction 은 규칙적으로 재정렬되어야 하고, 효과가 없는 문서들과 활동 그리고 습관들은(이들은 때때로 몸에 깊게 배어 있다) 제거되거나 교정되어야 한다.

가치분석은 낭비와 비효율성을 제거하거나 새로운 가치를 창조하기 위한 단순하지만 매우 효과적인 기법이다. 이 기법은 단순한 문제들을 질문함으로써 여러 가지 다른 활동들을 검토하는 것으로 구성되어 있다.

- 우리는 왜 이 활동을 수행하나?
- 이 활동은 고객의 요구사항들을 만족시키는 데 기여하는가?
- 이익은 가시적이고 고객이 이해할 수 있는가?
- 이 활동은 비즈니스 기능 business function 에 기여하는가?
- 이 활동은 제거될 수 있는가?
- 이 활동은 경쟁 우위를 창조하는 데 도움이 되는가? 더 많이 발전돼야 하는가?
- 비용을 줄이거나 혹은 인식되는 가치를 증가시키기 위해서,

이 활동을 어떻게 개선하거나 대체할 수 있는가?

두 번째 사례 : 프로세스 개선process improvement

두 번째 사례는 몇 개의 내부 고객–공급자 관계들과 종종 최종고객까지를 포함하는 범부서적 프로세스에 관한 것이다. .

〈그림 7.15〉는 보험청구 프로세스를 보여주는데, 이것은 전문화의 원리와 노동 분업의 원리에 따라서 일곱 개의 활동들로 나누어져 있다.

통상적인 단계들이 흐름도 위에 분명하게 표현되어 있다.

- 어떤 형태의 보험청구도 취급하는 독특한 작업과정.
- 실수가 생기면 교정을 위한 순환과정correction 을 통해 재작업rework .
- 단위 조직들 간의 의사소통 부족과, 보류처리건수 누적 및

[그림 7.15] 보험 청구 프로세스

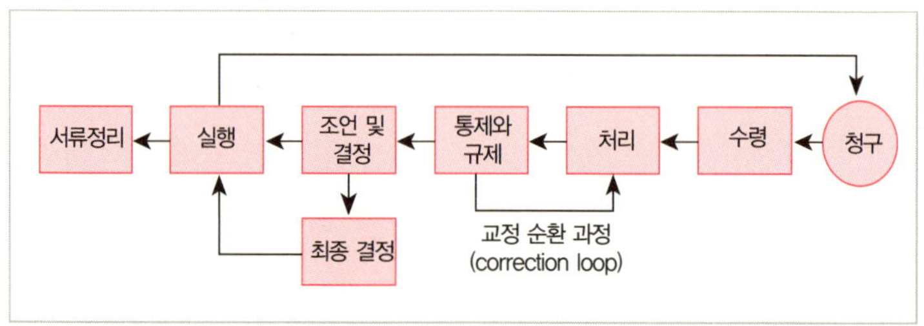

지연으로 이어지는 일괄 처리(뱃치) 작업. 보험청구 자체를 처리하는 데 소요되는 실제 작업 시간을 다 더해도 총 한 시간밖에 되지 않더라도, 그 청구를 처리하는 데 필요한 기간은 한 주나 두 주까지 연장될 수 있다,

- 문서 사본 만들기, 복사하기, 이동하기, 저장하기, 철하기, 분류하기, 검토하기, 재검토하기 등과 같은 낭비와, 가치를 추가하지 못하는 활동들.
- 수요가 계절적일 때, 수용능력과 자원의 낮은 가동률.
- 중앙집중식 의사결정과 불충분한 권한 이양으로 인한 융통성과 즉시 대응성의 부족.

이 프로세스를 간소화하고 재정렬하면 시간과 낭비를 줄이고 고객 서비스를 개선할 수 있는 거대한 기회들이 드러난다. 그 방법은 간단하고 잘 알려져 있다. 빠진 것은 지식이 아니라, 자기 약속과 자원이다. 프로세스 담당자의 안내 하에 다섯 개의 핵심 원리들이 기적을 낳을 수 있다.

- **작업에 초점을 맞춰라** focus operations : 모든 보험 청구를 똑같은 작업과정을 사용해서 취급하지 말아라. 표준적이고 간단한 청구들은 고객들이 집에서 인터넷을 사용해 직접 처리할 수 있다. 복잡한 청구들은 프론트 스테이지 서비스 담당자들에

의해 완전하게 처리될 수 있다. 온라인과 콜센터와 같은 직접 접촉이 제공하는 예방조치를 통해서 에러는 줄어들 것이다. 융통성flexibility과 대응성responsiveness은 승인 권한의 위임을 통해 향상될 것이다. 본래의 다단계 작업과정은 전문가의 주의가 필요한 복잡한 청구들을 위해서 유지될 것이다.

- **첫 번째에 바르게 해라**do it right the first time : 만약 모든 단계에서 일이 바르게 완수된다면 교정을 위한 순환 작업은 더 이상 필요 없다.

- **낭비를 없애고 비가치활동들을 줄여라**reduce waste and non-value-adding : 이것은 작업들을 재편성하고, 일괄작업 규모를 줄이고, 어떤 작업들은 자동화함으로써 이루어질 수 있다.

- **수용능력**capacity **과 자원**resource **들을 더 잘 사용해라** : 유연한 노동력 제도를 도입하고 다기능적multiskilled 이고 다용도적versatile 인 직원이 되도록 훈련함으로써 수요와 수용능력의 균형을 다시 잡아라.

- **대응성**responsive **을 더 높여라** : 직원들이 고객의 니즈를 더욱 잘 알게 하고 직원들에게 재량권을 더 주며, 업무를 너무 세분하는 것을 줄이고, 팀워크를 격려하고 복수의 승인제도를 제거하라.

새 기술의 도입은 종종 더 야심적인 개선, 즉 프로세스의 완전한 재설계로 이어지는 일종의 '빅뱅big bang'을 촉발한다. '빅뱅'이라고 해서 단계적인 진행이 불가능하다는 뜻은 아니다. 그러나 제10장에서 볼 수 있듯이, 단계적으로 진행할 때는 단계가 너무 피상적일 때 생기는 구현의 어려움과 변화에 대한 저항을 피하기 위해 주의를 기울여야만 한다.

챔피와 해머Champy and Hammer[5]가 정리한 IBM 신용 주식회사(IBM 장비를 구입하는 고객들에 대한 대출자금 제공 기관−옮긴이)에서의 대출 요청에 관한 유명한 사례가 이 점을 잘 설명하고 있다. 이 오래된 흐름도는 기능별 작업의 세분화와 전문화를 보여준다(그림 7.16).

정보기술의 적극적인 사용뿐만 아니라 이미 언급한 다섯 가지 원리를 적용해 인상적인 성과를 얻을 수 있었다. 〈그림 7.17〉에서 보여주는 것처럼 처리완료 시간은 간단한 경우에는 수분, 중간의 경우에도 수시간까지 줄어들었다.

어려운 작업은 좋은 데이터를 얻는 것과, 시스템의 설계와 구현을 위해 적절한 자원들을 할당함으로써 분명한 자기약속을 보여주는 것이다. 이것이 단계적 접근법이다.

- 프로세스를 선택하고 정의하라.
- 프로세스 담당자와 프로젝트팀을 임명하라.

[그림 7.16] IBM 신용 주식회사에서의 대출 요청 흐름

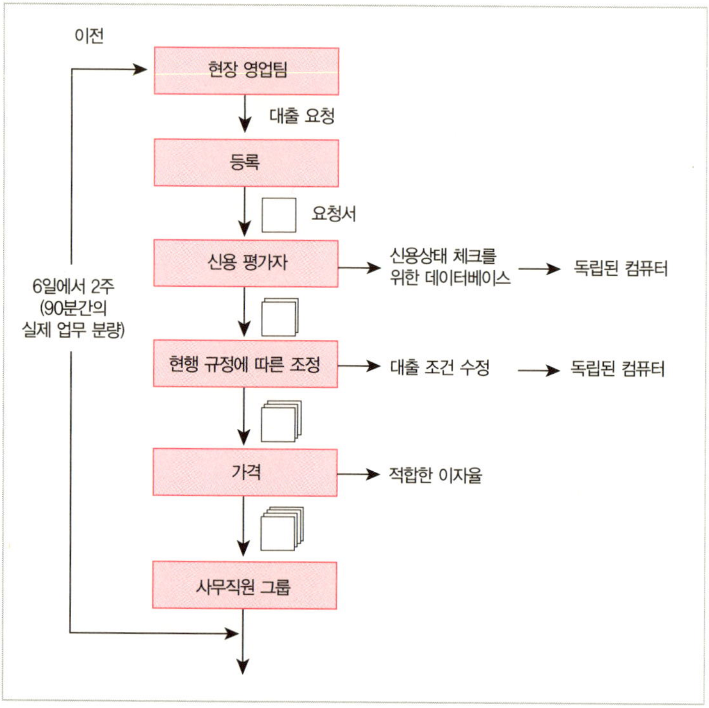

- 기존의 시스템들을 벤치마크하고 이상적인 시스템을 그려라.

- 새로운 개념을 개발하라.

- 프로세스를 재설계하라.

- 프로젝트 개념을 이해당사자들에게 팔고 구현을 계획하라 (동의, 수용, 협상).

- 시범 사이트에서 새로운 프로세스를 테스트하라.

- 조직 전반에 걸쳐 구현하라.

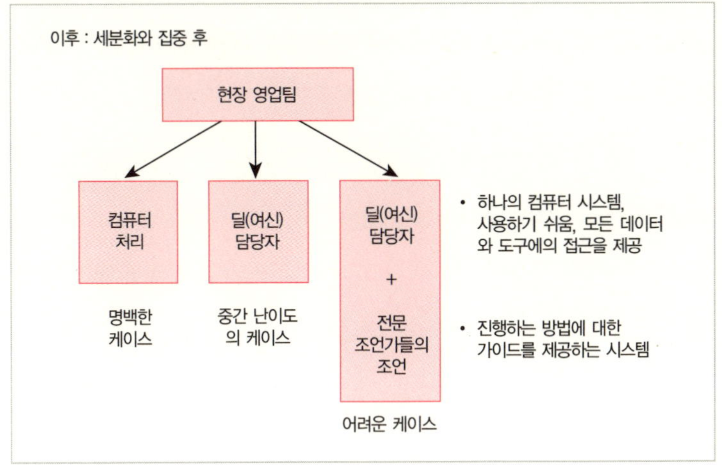

네 번째 사례 : 단절 없는 경험

서비스에 대해 고객이 느끼는 경험의 일관성과 통합을 위해서는, 고객이 한 서비스 제공자에게서 다른 제공자로 옮겨갈 때 경험하는 다수의 전문화된 접촉들 또한 고려해야 한다. 접촉 순간이 많으면 많을수록 단편화와 분산의 위험도 더 커진다. 직원들 사이의 일관성은 업무진행담당자 임명, 팀워크, 업무 순환근무, 업무 확대 및 다기능화된 직원들에 의해서 확립될 수 있다.

병원에 며칠간 입원한 환자는 50명 정도의 병원 사람들을 만날 것이다. 어떻게 그 모든 접촉들을 이해할까? 미국 보스턴의 베스 이스라엘 병원Beth Israel Hospital 에서는 각 환자의 진행과정을 돌보기 위해 간호원이 한 명씩 임무를 맡는다. 그 간호원은 맡은 환자의 병원 경험 모두를, 즉 입원 수속에서부터 퇴원까지, 때로는 병원 내에서 다른 병동으로 옮겨질 때까지 줄곧 관리하는 책임이 있다, 주관 간호사는 환자 돌보기와 환자 관리를 모두 다 하는 간호사인데, 환자의 담당 의사들과 긴밀하게 일하면서 자기가 담당하고 있는 환자 개개인을 위한 24시간 간호 계획을 수립한다.

다른 사례를 들면, 몇몇 회사에서는 대형 기업고객에 대해서 영업, 상품그룹, 신용, 고객서비스 및 현장 서비스와 같은 업무를 모두 다 담당하는 기업고객팀을 조직해서, 그 팀이 전반적인 고객 관계에 책임을 지고 담당하는 기업고객에게 한 얼굴로 비즈니스를 한다. 이렇게 하면 팀워크와 협동을 통해서 직접적인 감독을 덜 해도 되고 조직의 계층구조는 줄어든다. 팀 화합을 성취하는 한 가지 방법은 고객-중심적 평가 방법을 사용하는 것이다. 예를 들면, 트럭 대리점에서는 영업부, 서비스부 그리고 예비용 부품 부서는 각자 자신의 특정한 업무에 집중할 뿐 상호작용은 거의 하지 않는 것이 보통이다. 그러나 고객별 마일당 비용 솔루션을 도입해서 트럭의 전 생애 동안 투자되는 판매, 예비 부품, 서비스 매출 전체에 대해서 직원들에게 보상함으로써, 모든 직원들을 동일한 방향을 보도록 정렬할 수 있다.

이것은 '날개에서 날개까지 엔진 유지보수'를 채택하고 있는 항공기 산업에서도 마찬가지다(엔진이 해체되는 순간부터 다시 설치되는 순간까지).

결론

세 가지 품질 활동은 지속적인 개선의 역학을 수립하는 데 필수적이다. 일을 바르게 하는 것, 바른 일을 하는 것, 그리고 작업과정을 통합하고 단절 없는 경험을 조직하는 것들이 바로 그것이다. 세 가지 활동들은 모두 조직적인 변화 프로세스를 통해서 연결되어야만 한다. 제 10장에서 보여주듯이 이것은 모두 다 구현에 관한 것이다,

어떤 조직들은 상품의 동일성부터 시작할 것이다. 다른 데서는 먼저 고객만족이나 프로세스 리엔지니어링에 초점을 맞출 수도 있을 것이다. 접근법이 무엇이든지, 이 세 가지 활동을 아우르는 공통의 보호막을 갖는 것이 매우 중요하다.

식스시그마 프로세스의 문제점은 그것이 주로 무결점과 무낭비에 초점을 맞춘다는 것이다. 그에 수반되는 위험은 만약 두 번째 활동, 즉 바른 일하기와 경쟁우위 개발하기가 신속하게 개시돼서 식스시그마 프로세스에 연료를 다시 붓지 않는다면, 탄력을 잃어버린다는 것이다.

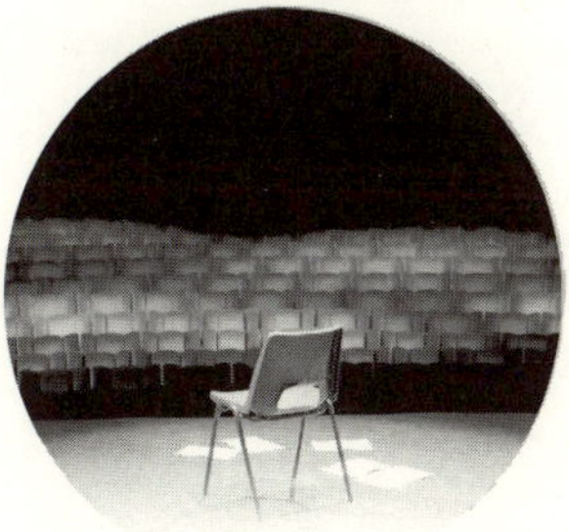

공급과 수요의 균형

BALANCING SUPPLY AND DEMAND

또 하나의 결정적으로 중요하고 특별한 프론트 스테이지 쟁점은 공급과 수요의 균형에 관한 것이다. 서비스는 소멸성이 있어서 생산되는 순간 소비되므로 수요를 재고로 쌓아둘 수 없다. 설상가상으로 서비스에 대한 수요는 종종 너무 광범위하게 매일, 매주, 매달, 매년 변동을 거듭한다. 그래서 이런 불안정한 환경 속에서 계절적 수요에 맞춰 서비스를 공급하는 것은 새로운 도전이다. 예를 들어 온라인으로 증권거래를 할 경우, 시간당 거래량은 객장거래만을 할 때의 평균 일일 거래량의 3배까지 증가하는 것으로 관측된다. 그런데 수요가 급증할 때는 평균 시간당 거래량의 3배까지 증가하기도 한다. 그래서 연중 거래량이 가장 많은 날에는 일일 수용능력이 9배가 되어야 한다.

〈그림 8.1〉이 보여주는 것처럼, 수요가 수용능력에 못 미칠 때 그 결과로 나타나는 것은 가동률 미달과 유휴 수용능력이다. 수요의 수준이 수용능력 가동률과 최적화될 때는 서비스의 질이 좋고,

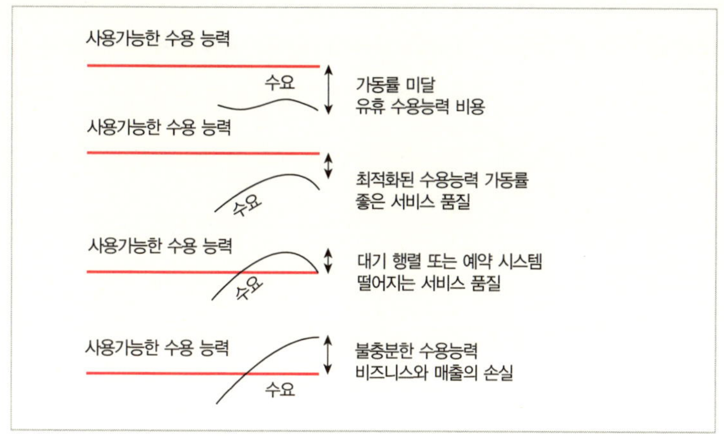

대기인원이 많지 않으며, 일선의 직원들은 업무에 대한 부담이 없다. 그러나 수요가 가용한 수용능력 이상으로 증가할 때 서비스 질은 떨어지고, 소비자들은 대기행렬에 잡혀 있거나 예약시스템에서 계속 기다려야 한다. 수요가 계속 더 상승한다면 소비자들은 덜 바쁜 시간에 다시 와야만 하거나, 대체로 다른 회사로 거래를 옮긴다.

최선의 수용능력 수준에 대한 정의는 가동률미달의 '비용cost'－유휴 수용능력에 대한 비용과 소비자 호감의 손실에 대한 비용에 달려 있다. 예를 들어 외식하러 나온 사람들은 텅 비어 있는 식당 안으로 들어가기를 꺼려할 것이나, 반면에 손님으로 가득 찬 식당은 유쾌하고 안심도 된다. 그러나 다른 한편으로는 초과가동률 역시 사업 손실과 계속 기다리는 고객의 분노 면에서 비용을 치르게 된다.

수요 관리 _ 수요를 유도하고 보관하라

수용능력을 결정하는 시작점은 수요를 예측하는 것이다. 수요예측 기법forecasting technique은 현재와 과거의 경험을 이용하여 미래를 예측하는 것인데 세 개의 넓은 범주, 즉 정성적 기법들qualitative technique, 추세연장trend extension 및 설명적 방법론explanatory method으로 분류된다.

정성적 기법은 고객이나 전문가들의 견해를 바탕으로 한다. 가장 간단한 방법은 주제에 적합한 응답자들을 골라서 미래 행위에 대한 그들의 의향을 묻는 여론조사를 하는 것이다. 발생 가능한 사건들의 함수로서 미래를 논리적으로 다양하게 표현하기 위해 시나리오가 사용된다. 비유방법론analogy method은 예상되는 상황과 유사한 과거의 상황을 찾아서 연구하는 것이다. 올라프 헤머Olaf Helmer와 노르만 댈키Norman Dalkey에 의하여 개발된 델파이 방법론Delphi method은 합의를 도출할 수 있는 특별한 절차를 적용해서 전문가들의 의견을 조사하는 것을 포함한다.

단기 및 중기의 미래는 과거 추세의 연장선상에서 예측할 수 있다. 가장 기본적인 접근방법은 자료를 발생 순서대로 구성하고 그것을 바탕으로 단순히 미래를 추정하는 것이다. 이 방법은 정기적으로 발생하거나 계절적으로 발생하는 특이한 변형variation을 배제하고, 또한 무작위적으로 발생하는 변형은 약화시킴으로써 시계열time series 상의 기본적인 추세를 파악하는 데 유용하다. 평균값의 변동을 보면 계절적 특성을 제외한 추세를 끌어낼 수 있을 것이다. 미래의 추세에 계절적 변동요소를 곱함으로써 미래에 대한 예측치를 얻을 수 있다. 수요의 계절적 특성은 일간, 주간, 월간, 연간 등 여러 가지 주기로 분석될 수 있다.

설명적 방법론explanatory method은 수요의 진화를 종속변수로 간주하고, 그것을 하나 혹은 몇 개의 독립변수들과 연결한다. 예를 들어 테니스장의 수요는 날씨 조건뿐만 아니라 그 지역에 있는 민박용 주택들과 호텔들의 점유율과 같은 변수에 의존한다. 테니스장의 수요예측은 독립변수 혹은 설명변수인 숙박시설 점유율이나 날씨의 변화에 따라 결정된다.

서로 다른 방법들을 결합할 수 있다. 예를 들어 주말 리조트에는 몇 개의 테니스장을 만들어야 할까? 첫 번째 단계는 테니스장의 개장 시간과 손님들의 숙박일수 사이의 상관관계를 파악하는 것인데, 이 상관관계의 진화는 예측할 수 있다. 이 경우에 최선의 독립변수는 그 지역 호텔과 민박용 주택의 손님들의 숙박일수다. 손님들의 숙박일수당 테니스장 사용 비율은 지난 몇 달간의 회귀분석regression analysis을 통해서 얻어진다. 이렇게 계산하면 예를 들어 다음과 같은 비율을 구할 수 있다.

$$\frac{\text{테니스장 개장 시간}}{\text{손님 숙박 일수}} = 0.05$$

두 번째 단계는 지난 몇 달 혹은 몇 년간의 시계열 분석을 통하여 추세와 계절적 특성을 파악하고 미래의 숙박손님 수를 추정하는 것이다. 세 번째 단계는 추정된 숙박손님 수에 단순히 0.05배를 곱함으로써 테니스장의 개장시간에 대한 수요와 필요한 수용능력을 알 수 있다.

● 수요의 평준화와 스케줄 잡기

서비스에 대한 수요가 서로 다른 원천으로부터 올 때는 그것들 각각을 별도로 취급하는 것이 중요하다. 유지보수 업무에 있어서, 비상시 긴급요청 전화와 예방조치는 근원이 서로 다르다. 비상전화는 굉장히 불확실하고 무작위적인 반면에 예방조치는 계획적으로 이루어질 수 있다. 일주일 중 어떤 날이든지 하루 중 특정 시간에 비상전화가 더 많이 올 수 있다. 그래서 예방적 차원의 유지보수 활동은 비상전화가 적은 시간대를 이용하여 스케줄을 잡는다. 불확실한 수요의 정점과 최저점을 미리 계획된 예방조치 활동을 가지고 혼합함으로써 전체적인 수요를 평준화할 수 있다.

이와 유사하게 병원 외래환자 수의 계절적 패턴은 병원에 입원하고 있는 환자와의 계획된 진료예약으로 평준화될 수 있다.

● 수요 유도와 이동

수용능력이 충분하지 않아서 수요의 최대치를 감당하지 못할 때

는, 단골 고객이나 최우수 고객에게 특별한 처리 창구와 예약 우
선권을 제공해야 하는 것은 당연한 일이다. 비록 비수기 특별할인
이 서비스 가동률을 일부 평준화시킬 수도 있겠지만, 불행하게도
오래된 습관은 잘 죽지 않는 법이다. 점심시간의 교통 혼잡을 개
선하기 위해서 멕시코인들에게 낮잠 습관을 포기하도록 설득하는
것이 가능할까? 호텔들도 비즈니스 여행자들에게 주말 동안 호텔
에 머무르도록 설득할 때 이와 유사한 문제에 직면하고 있다. 시
의회가 운전자들에게 교통혼잡 시간을 피해달라고 설득하는 것도
마찬가지다.

피크 타임에는 상대적으로 덜 매력적인 서비스 상품을 제공하
여 수요를 이동시킬 수 있다. 아주 바쁠 때에는 운영의 속도를 높
이기 위하여 제공되는 서비스의 내용을 축소하거나 표준화할 수
있다. 또한 '대기시간 없이 즉시 처리no lines'나 더 나은 서비스와
같은 인센티브를 제공해서 고객들이 덜 바쁜 시간을 선호하도록
만드는 방법도 있다.

가격정책은 수요에 영향을 주기 위해서 가장 흔하게 사용되는
마케팅믹스 요소이다. 소비자의 행동을 성공적으로 변화시키려면
가격은 시간대별로 달라야 하고, 고객의 세분 시장별로 달라야 한
다. 이와 관련해 장거리 전화의 주말과 야간 요금, 비수기 호텔 요
금, 시간대별 전기요금 제도, 시간대에 따른 다양한 고속도로 통
행료 등 많은 예들이 있다.

● **보완적 수요 창출과 수요의 중앙집중화**

비수기의 가동률을 증가시키기 위하여, 보완적 수요를 유도할 수 있다. 예를 들어 스키 리조트는 여름 활동을, 음식점은 식사시간 외에 차와 음료서비스를, 호텔은 주말 상품을, 해변휴양지는 비즈니스 그룹을 위한 비수기 대규모 회의 상품 등을 제공할 수 있다.

또한 타이핑 인력풀typing pool 이나 중앙집중식 콜센터의 경우처럼 자원을 공동화하여 수요를 평준화할 수도 있다.

● **수요의 보관**

수요는 대기라인이나 예약 시스템 안에 '보관stored' 될 수 있다. 아무도 기다리는 것을 좋아하지 않는다. 그럼에도 고객들은 종종 통화 중에 혹은 슈퍼마켓 계산대에서 줄을 서서 기다리곤 한다. 고객들이 기다리는 동안, 음료수 바나 라운지에 고객들을 '보관' 하는 것이 대기행렬 속에서 그들을 지루하게 하는 것보다 더 좋은 솔루션이다.

예약 시스템을 이용하여 수요를 가용한 시간대로 재조정할 수 있다. 그렇게 함으로써 수용능력의 가동률을 평준화시키고 고객이 대기라인에서 기다리는 것을 방지할 수 있다. 고객이 예약을 하고 나타나지 않을 때 문제가 발생한다. 예약하고 오지 않는 고객들 때문에 좌석이나 객실이 비게 되는 문제에 직면해서 항공사나 호텔은 초과예약 전략을 적용해왔다. 예를 들어 어느 호텔이 객실 3개까지 초과 예약을 받기로 했다고 가정하자. 만약 예약 고객 중 2명이 오지 않는다면, 호텔은 객실 하나가 부족할 것이고 이에 따른 비용이 발생할 것이다. 방이 없는 손님을 위해서 근처 호텔에 객실 하나를 빌려주는 비용 및 고객의 호감과 신뢰감의 손실이 발생한다. 만약 4명의 예약 고객이 오지 않는다면, 객실 1개가 비며 기회 손실(객실료)이 발생할 것이다.

초과예약은 수용능력이 부족할 때 드는 비용(근처 호텔 객실 대여료와 고객 불만)과 수용능력이 남을 때 드는 비용(객실료 손실) 사이의 비교를 기초로 결정되어야 한다. 초과예약은 항공사에서 폭넓게 사용되는데, 특히 승객들을 다음번 비행기로 옮기기가 상대적으로 쉬울 때 사용된다.

공급 관리_수용능력과 직원의 신축적 운영

수요를 효과적으로 평준화할 수 없을 때, 수용능력은 가능한 한 신축성이 있어야 한다. 그러나 신축성은 고정자산에 대한 투자와 일련의 작업 과정상에 존재하는 병목현상 때문에 심각하게 제한을 받는다.

● 병목을 찾기 위한 서비스 전달과정 분석

〈그림 8.2〉의 단순화된 흐름도는 환자들이 슈다이스 병원Shouldice

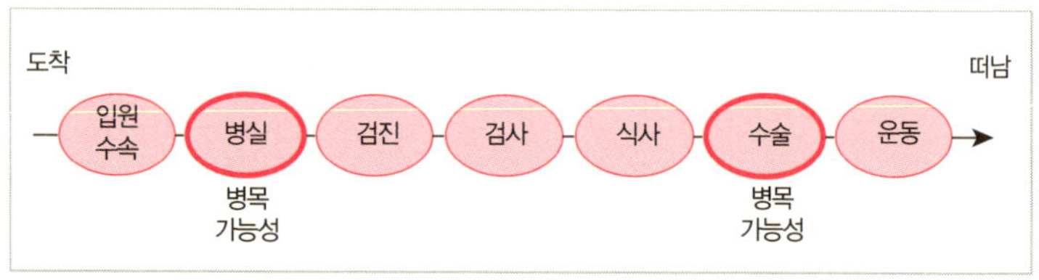

Hospital 에 도착해서 진료를 받기까지의 과정을 보여준다.

대기와 병목을 피하기 위하여 각 단계에서의 도착률과 서비스율은 균형이 잘 잡혀 있어야 한다. 입원수속, 신체검사, 각종 테스트와 저녁식사는 모두 상당히 신축성이 있고 조정이 가능하다. 두 개의 주요 병목은 이용 가능한 병실 수와 수술 수용능력의 한계이다(수술 시설과 외과의사 수 측면에서). 수술마다 수술시간이 크게 다를 수 있기 때문에 수술 수용능력은 병원 입장에서 특히 예민한 안건이다. 더군다나 외과의사와 마취의사가 같은 시간대에 반드시 가용하다고 볼 수도 없다. 사용가능 수용능력use-capacity 을 최적화하기 위한 한 가지 방법은 변동성을 줄이고, 수술시간의 길이에 따라 수술실을 빠른 수술실, 보통 수술실, 오래 걸리는 수술실 그리고 응급실로 나누는 것이다.

● 제공되는 서비스의 제한

수용능력은 다양한 방법으로 상호작용 시간을 줄임으로써 증가시킬 수 있다.

- 거래의 단순화를 통하여 : 피크타임에는 메뉴를 단순화한다. 길고 복잡한 거래는 수용하지 않는다.
- 각 활동들 사이의 느슨하고 낭비되는 시간의 최소화를 통하여
- 몇몇 활동들을 타 부서로 넘김으로써 : 수술환자는 수술실로 들어가기 전에 준비실에서 마취하고 병동에서 의식을 찾는다. 간호사들은 의사의 진료에 대비하여 서류를 정리하고 환자를 준비시킴으로써 의사의 시간을 효과적으로 사용할 수 있게 해준다.

● 활동들의 아웃소싱

수용능력을 증가시키기 위한 더욱 과감한 방법은 비핵심 활동들을 아웃소싱하는 것이다. 타코벨Taco Bell은 지역 음식점의 주방 조리활동을 줄이고, 중앙 집중화된 대형 공장에 음식의 생산을 아웃소싱함으로써, 음식점이라기보다는 식품 유통업자가 되었다. 주방이 작아지기 때문에 프론트 스테이지 고객을 위하여 더 넓은 공간을 제공함으로써 이용 가능한 수용능력이 늘어나고, 이상적으로는 매출량이 증가한다.

● 고객의 참여 활용

패스트푸드 음식점은 음식을 나르거나 식탁을 치우는 웨이터가 필요 없다. 고객은 공동생산자로서 직접 주문을 내고 음식을 나르

고 식탁을 치운다. 더구나 바쁜 시간에는 빨리 먹기까지 한다. 이와 유사하게, 환자가 치료의 일부를 집에서 하겠다고 받아들인다면, 병원 입원기간을 환자의 참여로 단축시킬 수 있다,

● 수용능력의 신축성 개발

서비스의 생산적인 수용능력은, 시설과 장비 면에서 서비스 전달 시스템의 한계와 다른 한편으로는 노동력의 이용 가능성에 의해서 제한을 받는다. 시스템의 한계는 몇 가지 방법으로 극복할 수 있다:

- **서비스 가용 시간의 다양화** varying the time available : 고객이 동의한다면, 영업 시간의 변경은 수용능력을 조정하는 가장 쉬운 방법이다. 예를 들어 테니스장에 조명시설을 하면 야간에 경기를 할 수 있다. 그래서 수용능력이 증가한다. 이와 유사하게, 항공기가 하루에 5시간 대신 10시간을 운항한다면 항공기의 생산적 수용능력은 2배가 된다.

- **신축성 있는 수용능력** flexible capacity : 몇몇 서비스의 수용능력은 탄력적이다. 입석 승객을 탑승시키면 기차와 지하철은 탑승 인원을 2배 혹은 3배로 늘릴 수 있다. 항공사는 이렇게 할 수는 없으나, 커튼을 쳐서 비즈니스 좌석의 수를 조절할 수 있다. 운동경기장과 대형회의(컨퍼런스) 센터 같은 시설들은 종

종 다양한 공연기능들도 수용하도록 지어진다.

- **수용능력의 공유**sharing capacity : 일단의 병원들은 심장치료 장비나 인공 콩팥 기계들을 공유한다. 항공사들은 공항 탑승구, 경사계단, 항공기들을 공유할 수 있다.

- **장비 대여**renting equipment : 대형회의 센터는 세미나들을 조직할 때, 호텔의 회의실을 빌림으로써 고정투자를 피할 수 있다.

비록 물리적 수용능력이 충분할지라도, 직원 부족은 이용가능 수용능력을 줄인다. 이 문제를 해결하기 위한 몇 가지 방법이 있다.

- **교대근무 계획**scheduling work shifts : 수요가 충분히 평준화될 수 없을 때, 교대근무는 예상 수요와 긴밀하게 연관되어 계획되어야만 한다. 이것은 특히 통신회사, 병원, 은행, 소방서 같은 기관에서 중요하다. 서비스가 하루 24시간, 1주일에 7일, 연중 내내 제공되어야 할 때, 또한 연휴를 최대한도로 누리려는 직원들의 선호와 제약사항들을 고려해야 할 때 교대근무 계획수립은 특히 복잡하다.

- **파트타임 비정규직 고용이나 용역 하도급**using part-time employees or subcontracting personnel : 풀타임 직원을 보충하기 위해서 파트타임 직원을 채용할 수 있다. 예를 들어 패스트푸드 음식점은 대학생 지원자 명단을 준비해놓는다. 미국의 소방대는 적은

보수를 받으면서도 규칙적으로 훈련하고 호출에 대기하고 있는 자원봉사자들에게 의존한다.

- 직원 공유sharing personnel : 항공사들은 가끔 2차 도착지로 갈 때 제휴 항공사의 육상직원과 운항직원을 공유한다. 직원들은 단지 유니폼만 바꿔 입으면 된다.

- 다기능적이고 교차 훈련을 받은 직원 양성ensuring that personnel are multiskilled and cross-trained : 어떤 작업은 바쁘고 다른 작업은 한가할 때, 만약 직원들이 여러 기능을 보유하고 있다면 그들을 재배치할 수 있다. 똑같은 방법으로, 직원들은 바쁜 시간에는 프론트 스테이지와 백 스테이지 사이를 옮겨 다니며 일할 수 있다. 슈퍼마켓에서 계산대의 행렬이 길어지면 선반 진열 담당 직원들이 호출돼서 금전등록기를 작동할 수도 있다.

총수익 또는 매출 관리_최적의 시간에 최적의 가격

항공사 사이의 치열한 가격 경쟁과 컴퓨터 기술 발전 때문에 매출을 최대화하기 위한 새로운 접근 방법이 만들어졌다. 총수익관리yield management 로 알려진 이 방법은, 예측 및 시장세분화와 초과예약을 사용해 최적의 고객에게 최적의 시간에 최적의 가격으로 보유 좌석을 판매하여 매출을 증가시키는 것이다, 정보기술을 이용해 항공사들은 그들의 예약 시스템 속에 있는 거대한 양의 정보를 분석하여 과거의 예약행태를 이해하고, 그것을 미래 동향과 비교할 수 있다. 이렇게 해서 항공사들은 어느 운항편에서든지 요금 수준과 승객 요구 및 경쟁 압력에 따라 좌석 배치를 조절할 수 있다.

총수익관리는 또한 매출관리로도 알려져 있는데 단지 항공사에만 적용되는 것은 아니다. 호텔, 기차, 유람선, 자동차 렌트회사, 전기 배급회사들도 이 방법을 사용할 수 있다. 이 방법은 상대적으로 고정된 수용능력을 가지고 있으면서 높은 고정비용이 드는 서비스에 가장 적합하다. 이런 경우에 서비스 제공자는 이용가능한 수용능력을 더 효율적으로 사용하기 위하여 할인판매의 유혹을 받을 것이다. 그러나 시장세분화는 가격과 매입 시점에 대한 고객의 민감성에 기초해야 할 때가 많다.

총수익관리는 주로 할인좌석의 할당과 초과예약 수준을 통하여 매출을 최대화한다.

● 할인좌석 할당

가장 단순한 모델은 두 가지 가격대를 고려한다(실제로 항공사는 몇 가지의 가격대를 제공한다). 가격에 민감한 레저 고객을 위한 가격과 시간에 민감한 비즈니스 여행자를 위한 가격 등이 그것인데, 그들의 수요곡선은 매우 다르다(그림 8.3).

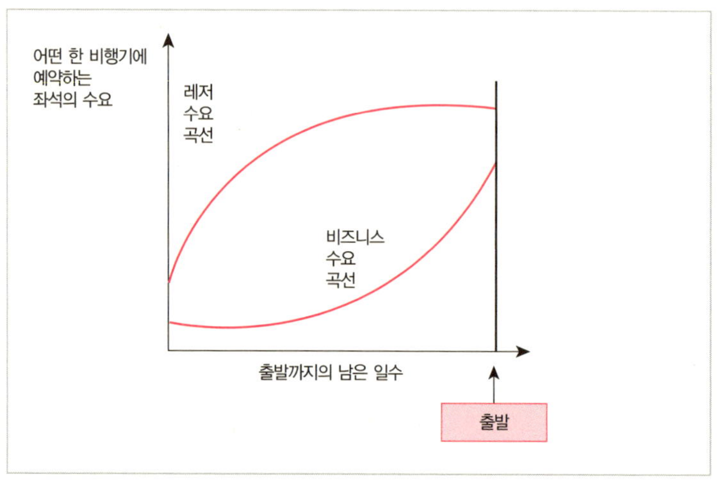

레저 여행자들은 사전에 휴가를 계획하고 예약하는 반면에, 비즈니스 여행자들은 늦게 예약한다. 항공사는 낮은 매출의 여행객으로 너무 일찍 비행기를 채워서는 안 되고, 늦게 들어오는 예약을 위해서 충분한 좌석을 남겨 두어야 한다. 그러나 너무 많은 좌석을 남겨 두었다가 늦은 예약이 성사되지 않는다면, 남는 좌석들은 손실을 가져올 것이다.

항공사는 각 운항편마다 승객예약 수요를 이해하고 예측해서 최고의 총수익을 내야만 한다. 이것은 어려운 작업이다. 승객 혼합은 운항편마다, 날마다, 계절마다 바뀌기 때문이다. 싼 좌석과 비싼 좌석 사이의 균형이 〈그림 8.4〉에 표현되어 있다.

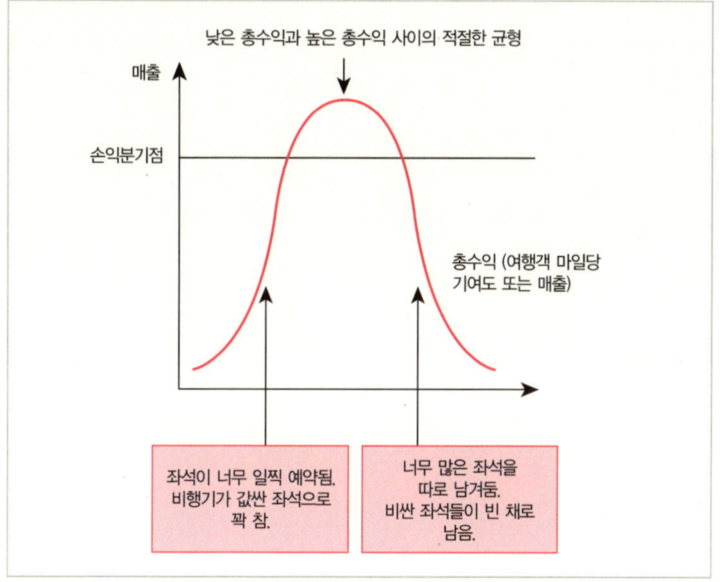

● 초과예약 조절

좌석을 예약한 승객들은 예약을 취소하기도 하고 단순히 출발시간에 나타나지 않기도 한다. 항공사들은 초과예약을 통하여 빈 좌석으로 운행하는 것을 피해보려고 노력한다. 그들은 각 운항편마다 승객클래스별로 예약하고도 나오지 않는 승객의 수를 예측해야 한다. 초과예약의 효율성은 좌석이 없어서 전액 배상해주거나, 일부 보상금을 주고 다음 비행기를 예약해주어야 하는 승객의 수로 측정된다.

총수익관리는 핵심 경쟁도구가 되었다. 이 방법은 매출을 2퍼

센트에서 7퍼센트까지 증가시킬 수 있으나, 수백만 달러의 비용
이 드는 컴퓨터 지원시스템을 필요로 할 수도 있다. 그러나 이런
큰 투자가 항상 필요하지는 않다. 총수익과 매출 관리는 호텔산업
에 적용될 수 있다. 이 관리시스템은 호텔산업에서 잘 운영되고
있다. 자동차 렌트회사, 여객철도, 대중매체 및 방송국 등에서도
역시 적용될 수 있다.[1]

대기행렬 관리_고객의 기다림도 운영해야 한다

만약 수요와 공급이 아직 불균형 상태이고, 사전에 예약할 수 있
는 선택 기능이 없다면 고객들은 대기행렬waiting line 에서 기다려야
만 하고, 몇몇 고객은 떠나거나 거래처를 바꿀 것이다.

　기다림은 일상생활의 한 부분이다. 우리는 상점에서, 정지 신
호등에서, 식당에서 혹은 전화통화 중에도 정보를 얻기 위하여
기다린다. 택시나 엘리베이터나 버스를 타기 위해서도 줄을 선
다. 대기행렬은 물리적일 때도 있고, 전화교환원이 우리를 계속
붙잡아두거나 대기자 명단에 기록되어 있을 때처럼 가상적일 수
도 있다.

　프론트 스테이지의 대기행렬은 공장에서 처리 중에 있는 작업
과 비교될 수 있다. 일련의 작업이 있을 때, 작업과 작업들 사이에
대기행렬이 나타난다. 예를 들어 슈다이스병원(그림 8.2) 이나 디즈

니월드와 같은 놀이동산이 바로 이런 경우인데, 이곳에서는 각각의 대기행렬 그룹은 기다리는 동안 접대를 받는다.

프론트 스테이지에서는 수요와 공급 사이의 불균형이 더욱 잘 보인다. 참을 수 없어 때때로 화가 치민 고객들이 불만을 터뜨리기 때문이다. 백 스테이지에서는 모든 종류의 재고들이 방치된 상태로 쌓여 있을 수 있다.

대기행렬이 서비스 제공자들에게 주는 이점은 직원을 바쁘게 하고 시설과 장비를 풀가동시키는 것이다. 그러나 긴 대기시간은 고객들이 적절하게 서비스를 받지 않고 있다는 분명한 표시이고, 이 부정적인 인상은 서비스에 대한 그들의 전반적인 판정에 악영향을 줄 수 있다. 첫인상과 첫 접촉은 나머지 경험에 깊은 영향을 미칠 수 있다.

결국, 대기행렬이란 고객재고이다. 상품재고처럼 이것은 어떤 문제의 증상인 것이다. 의사에게 있어서 고열이 환자의 증상인 것처럼 말이다. 증상을 치료하기 위해서는 문제의 근본원인을 찾는 것이 필요하다. 합리적인 접근법은 전반적인 운영을 들여다보고 도착률arrival rate 과 서비스율service rate 사이의 균형에 초점을 맞추는 것이다. 또 하나의 접근방법은 기다림의 심리적 측면을 고려한다. 전후 사정에 따라서 10분간의 기다림은 전혀 기다리는 시간처럼 느껴지지 않을 수도 있고 영원처럼 느껴질 수도 있다.

대기행렬 이론은 도착률(수요)과 서비스율(공급)에 대한 유용한 정보가 있을 때 대기시간을 계산하는 방법을 제공한다. 도착률이 서비스율에 근접할 때, 대기행렬의 평균 길이는 빠르게 증가할 것이다. 이것이 매우 많은 서비스들이 약 75퍼센트의 수용능력에서 가장 잘 작동하는 이유다.

르노 미니트Renault Minute 사는 즉석 자동차 수리 회사인데, 공장 시설의 75퍼센트를 가동률로 상정한다. 기다리기를 원하지 않는 고객들은 25퍼센트의 유휴 수용능력 비용에 해당하는 높은 가격을 치러야 한다.

첫 번째로 해야 할 일은 가장 바쁜 시간에 발생하는 병목과 대기행렬을 찾기 위해서 서비스 전달 시스템 전체를 분석하는 일이다. 예를 들어 행원이 많은 은행지점에서는, 수요와 공급을 조절하고 가장 긴 대기행렬을 구별하기 위해서 가장 바쁜 시간, 예를 들어 금요일 점심시간 같은 시간 동안 각 창구의 도착률과 서비스율을 파악하는 것이 중요하다. 도착률과 서비스율을 기록함으로써 분석할 정보가 모아진다.

도착률과 서비스율이 매우 무작위적일 때 시설의 가동률은 단순한 비율, 즉 가동률지수를 계산함으로써 얻을 수 있다.

- 평균 도착률 : 분당 3명의 고객
- 평균 서비스율: 분당 4명의 고객

$$\text{시설의 가동률지수} : \frac{\text{평균 도착률}}{\text{평균 서비스율}} = \frac{3}{4} = 0.75$$

가동률지수utilization factor 는 고객 이탈과 비싼 초과근무 수당을 피하기 위하여 분명히 1보다 낮아야만 한다. 이 예에서 유휴시간의 비율은 1−0.75=0.25=25%이다.

그림 8.5에 표현되었듯이, 평균 대기행렬의 길이는 가동률지수와 함수관계에 있다.

가동률지수가 1에 접근할수록 대기행렬의 길이는 무한대가 되는

[그림 8.5] **평균 대기 행렬의 길이**

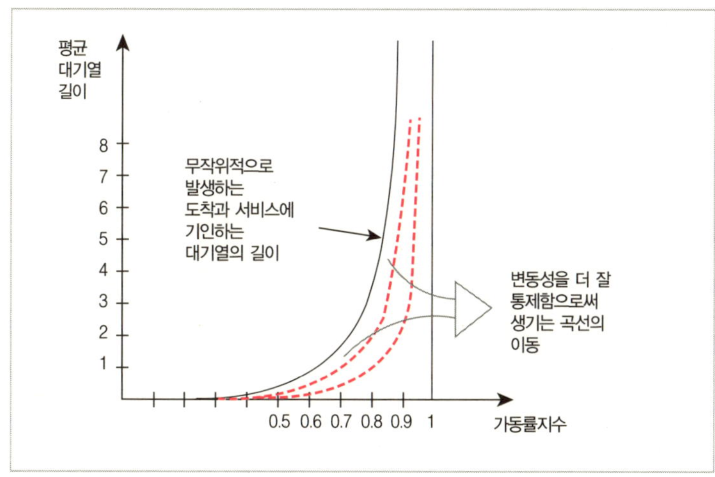

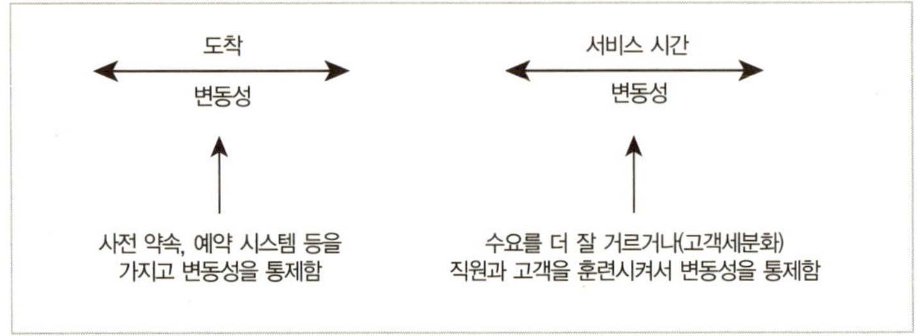

경향이 있다. 대기행렬의 길이를 줄이는 최선의 방법은 변동성의 근원을 줄이는 것이다(〈그림 8.5〉의 곡선의 이동과 〈그림 8.6〉의 변동성 통제).

● 대기행렬 구성

몇 개의 대기행렬이 필요한가? 그들은 어디에 위치해야 하고, 어떻게 조직되어야 하나? 복수의 서비스 수행자들이 일하는 서비스 카운터의 구성에는 기본적으로 두 가지 유형, 즉 여러 개의 대기행렬multiple queue과 한 개의 대기행렬single queue('번호표를 뽑으십시오'와 같은 문구를 갖고 있는)이 있다(그림 8.7).

● **복수의 대기행렬**multiple queue**은 여러 가지 가능성을 열어 준다** : 슈퍼마켓 계산대에서처럼 당신은 급행처리 줄express lane을 만들 수 있다. 노동의 분업이 가능하고, 서비스를 차별화할 수 있으며, 고객은 특정 직원을 선택할 수 있다. 다른 한 편으로는 고객은 가장 빠른 줄을 선택하고 싶어할 것이고, 느린 고객

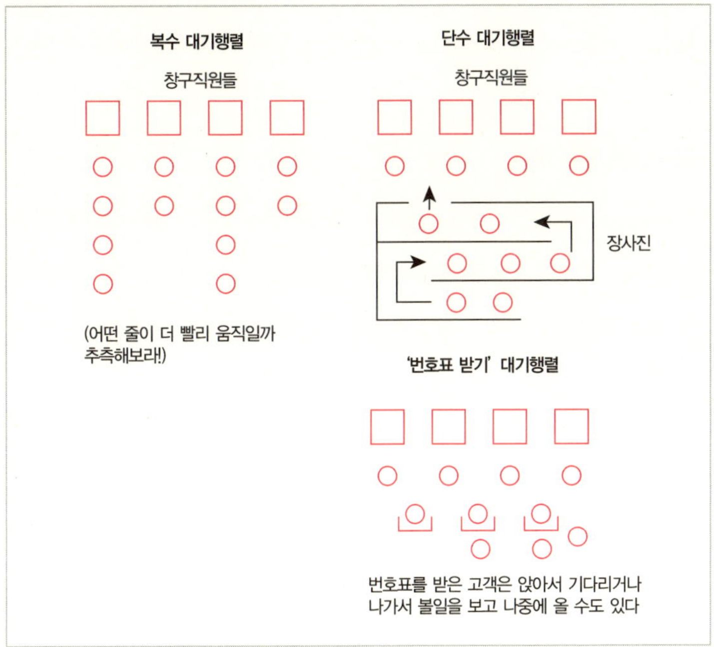

뒤에서 기다려야만 한다면 화가 날 것이다.

● 한 개의 대기선single queue 이 더 공정하게 여겨진다 : '선착순first come, first served' 이 규칙이다. 규칙 위반(혹은 대기선 이탈)이 어렵고, 프라이버시가 더 잘 보호된다, 평균적으로 고객은 덜 기다린다. 그러나 서비스 직원은 다기능적이어야 한다.

● 대기의 심리학 [2]

고객이 인식하는 대기시간의 길이는 객관적인 대기시간의 길이와

다를 때가 많다. 고객 만족은 인식perception 과 기대expectation 사이의
차이로 표현된다. 이 둘은 모두 매우 주관적인 요소들이다.

기대수준에 맞는 활동

기대수준은 경험에 대한 인식과 일치하도록 사전에 관리되어야
한다. 대기시간은 짧게 예측하기보다는 길게 예측하는 것이 더 낫
다. 고객에게 기다림에 대한 준비를 시키기 위해 다른 접촉 방법
(전화, 편지, 다른 지점 방문)을 제안할 수 있다. 설명을 해준다면 오래
기다려야 하는 이유가 정당화될 것이다.

문화적 사고방식에 대한 고려

어떤 문화에서는 새치기가 국가적인 스포츠인 반면, 다른 곳에
서는 중대한 위반행위다. 이것은 공정성이 줄서기의 중요한 측
면임을 시사하는 것이다. 또 하나의 흥미로운 관점은 사람 사이
의 간격인데, 이것은 영역에 대한 관념과 연관된다. 어떤 나라에
서는 사람들은 팔 길이의 간격을 유지하는 반면, 다른 곳에서는
뭉쳐 선다. 기다림 또한 다른 문화에서는 다른 의미를 가질 수
있다.

경험의 인식에 대한 고려

고객은 보통 일련의 상호작용을 거쳐서 마지막 결과를 얻는다. 첫

인상은 상호작용의 나머지 모든 공정에 깊은 영향을 줄 수 있다. 예를 들어, 대기행렬의 광경은 실제 대기시간보다 더 기가 질리게 한다. 디즈니월드에서 대기행렬의 길이를 감추기 위하여 줄의 방향을 틀거나 칸막이로 가리는 이유가 바로 이것이다.

서비스 전달 과정에 대한 인식 고려

사람들은 빈 시간을 싫어한다. 그래서 멋진 장식, 질 좋은 가구, 꽃과 음악을 이용해 대기시간을 유쾌하게 꾸미는 것이 중요하다. 거울을 설치하고 잡지를 진열해서 혹은 저녁식사 전에 간이 바에서 음료수를 제공하여 고객을 접대할 수 있다. 고객의 짜증을 완화시키기 위해서 그들이 기다리고 있음을 알고 있다는 표시를 해주고, 얼마나 오래 기다려야 하는지 말해주고, 시간에 대한 인식을 더 객관적으로 알 수 있도록 시계를 눈에 띄게 설치하는 것도 중요하다. 고객이 추정하는 대기시간은 실제 객관적인 대기시간보다 거의 세 배나 더 길 수도 있다고 관찰된 바 있다. 두 그룹의 고객 중에서, 단지 수분을 더 기다린 사람들이 30초 미만을 기다린 사람들보다 서비스 질에 대해서 더 혹독하게 평가할 것이다.

결론

어떤 서비스가 성공적으로 수행되기 위한 결정적인 요소들은, 서비스믹스와 핵심 이해당사자들이 가치 있다고 생각하는 것 사이의 일치, 그리고 수요와 공급 사이의 일치이다. 이제쯤이면 당신은 프론트 스테이지/백 스테이지 개념의 중요성을 납득해야 하고, '서비스는 프론트 스테이지 활동이다' 라고 정의하는 것의 이점을 납득해야 하며, 지금까지 소개한 여러 가지 도구와 접근방법의 유용성을 납득해야 된다. 그러나 눈부신 아이디어와 개념을 갖는 것으로 충분하지 않다. 이제는 제조업이나 전문직 서비스의 사례를 살펴보고(9장), 그리고 나서 구현에 초점을 맞춰서 성공적 변화 프로세스를 구축하는 방법을 이해하는 것이 중요하다.

제조업 서비스에서 전문직 서비스까지

제조업 서비스에서 전문직 서비스까지

FROM INDUSTRIAL TO PROFESSIONAL SERVICES

지금까지 개발해온 개념과 모델의 가치와 유용성을 시험해볼 때가 되었다. 이것들은 서비스 연속선상의 두 끝 지점, 즉 제조업 서비스로부터(백 스테이지 그리고 상품 중심적인), 전문직 서비스까지(프론트 스테이지 그리고 관계 중심적인)에 어떻게 적용되는가?

제조업 서비스_상품에서 솔루션으로 옮아간다

일용상품화 commoditization 와 가격 압박 price pressure 의 운명을 피하는 방법은 그다지 많지 않다. 상품 혁신과 성능상 우위가 경쟁 우위를 만드는 한 가지 방법이다. 또 다른 방법은 상품을 둘러싼 서비스를 개발하는 것이다.

먼저 여전히 거래의 핵심 요소인 상품에다 서비스를 첨가할 수 있다. 이것이 소위 '상품 플러스 product plus' 방식이다. 고객들은 상품의 수명기간 동안에 제공되는 추가적인 혜택에 대해서 기꺼이 더 높은 가격을 지불할 것이다. 그 다음으로는 초점이 서비스 그 자체로 돌아간다. 즉, 고객이 서비스의 가치를 이해하고 기꺼이 서비스의 값을 치르는 것이다. 그러나 가격은 인력의 가동률, 소비된 시간, 사용한 부품 등 여전히 사용되는 수단과 자원에 연계되어 있다.

마지막으로 고객은 최종 산출물, 즉 그와 그의 회사를 위해 달성한 최종결과에 관심을 집중시킨다. 이때 가격은 미래에 생길 혜택에 대한 기대치와 연결된다.

● 상품 플러스product plus

물 유통 회사의 간단한 경우를 예로 들어보자. 핵심상품과 함께 제공되는 서비스들이 〈그림 9.1〉에 있는 가치창조 사이클 표에 나타나 있다. 각각의 고객의 니즈 앞에 몇 가지 가능한 서비스 가치 제안의 구성요소들이 사각형 안에 제시되고 있다.

각각의 구성요소는 고객과 공급자 양쪽 모두를 위한 가치를 최적화하고, 실질적인 경쟁력 우위를 창조하기 위해 선택된다. 그러나 고객이 기꺼이 '플러스'에 가격을 지불할까? 시간이 지나가면 그 서비스 구성요소가 상품과 통합돼서, 당연히 끼워팔기가 되어버리는 리스크가 분명히 있다.

예를 들어서 의료용 산소는 산소의 전달을 최적화하는 안전통에 담겨 유통된다. 이 통은 운반하기 쉽고 사용하기 간단하며, 안

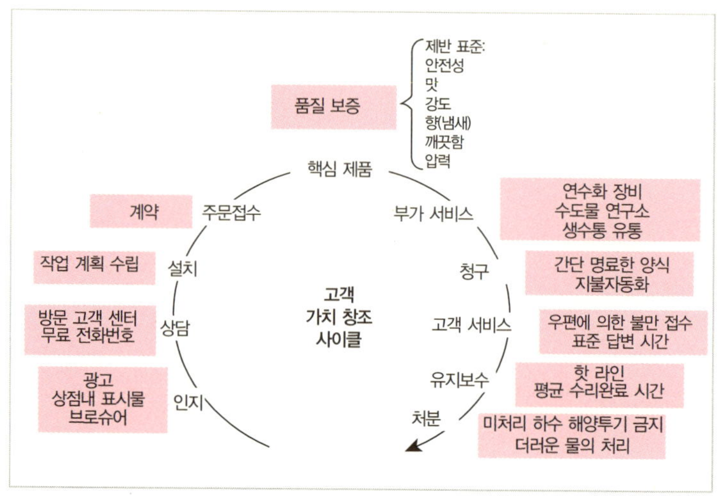

전과 보수유지를 위한 안내문과 비상시 연락번호가 포함되어 있다. 이런 서비스 구성요소들은 일반적인 산소통보다도 높은 가격을 받아도 될 만큼 충분히 가시적이고 유형적이고 필수적인 것들이다.

GE의 의료시스템 사업부문은 세계 각지에 설치된 의료 장비들을 원격지에서 항상 진단할 수 있는 세계적인 시설을 만들었다. 의료기계 안에 장치된 장비들이 성능과 가동률을 측정한다. 만약 측정 장비들이 어떤 의료기계에 문제가 있거나 성능이 저하되고 있다는 것을 시사하면, 병원 의료진들이 무엇이 잘못되었는지 미처 알아차리기도 전에 GE는 유지보수 기술자를 파견한다. 이런 경우에는, 기계가 완전히 고장 나지 않는 한 서비스는 보이지 않고 느껴지지 않는다. 서비스가 상품에 내재하는 하나의 부품이 되어버릴 리스크가 있다.

● 기업 대 기업 환경B2B에서의 상품 플러스

전 세계에서 가장 큰 베어링 생산업체인 SKF사가 전체 조직을 서비스 회사화하기로 결정했을 때 이 회사는 고객에게 솔루션을 제공하겠다는, 즉 상품에다가 서비스를 더해서 판다[1]는 목표를 갖고 '베어링 서비스 사업본부'를 창설했다. 베어링은 공작 기계 및 중공업에서부터 자동차, 트럭, 기차에 이르기까지 모든 제조산업에서는 필수적인 부품이다. 베어링은 부품이 돌아가는 데에는 어디든지 있다. 수많은 회사들이 베어링을 만들어서 팔게 되자, 베어링은 이제는 일용상품이 되어버렸다.

　SKF는 두 개의 시장, 즉 사전시장B2B과 사후시장에서 사업을 한다. 사전시장before market 은 OEM(주문자상표 부착생산Original Equipment Mqanafacturer) 기업들로 구성되어 있는데, 그들은 대량구매를 하지만 가격에 대해 엄청난 압력을 행사한다. 이 시장을 움직이는 전통적인 요소는 대량생산과 높은 품질표준, 그리고 낮은 이익률이다. 사후시장aftermarket은 베어링의 교체를 다루는데, 통상적으로 판매는 주로 유통업체들을 통해서 일어난다. 가용성과 빠른 납기가 가장 중요한 요건이다.

　이 회사가 제조 생산능력 대신에 시장에서의 관계를 중심으로 재

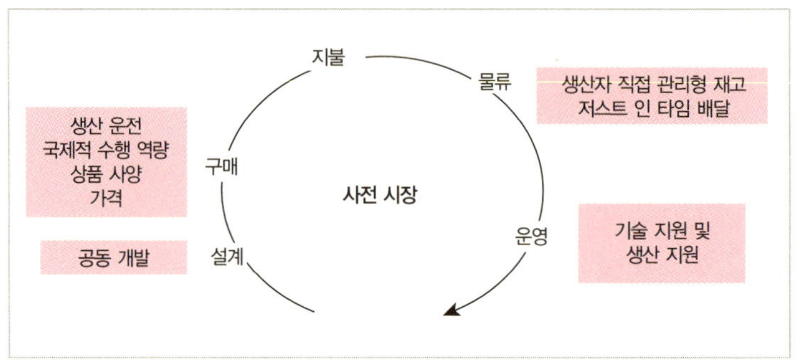

편했을 때, 구매의 전과 후에 제공되는 추가 서비스들이 OEM 기업들과의 관계를 향상시켰다(그림 9.2 참조). 이것이 사업의 동반자 관계로 발전하여서 설계 단계에서 공동 개발로부터, 운영 시에 제조 지원을 하는 데에 이르기까지 여러 영역에서 협력으로 이어졌다.

모든 계층에서의 협력, 포괄적인 정보와 지식의 공유, 그리고 궁극적으로는 고객사의 사업 현장에 배치된 공급자의 전담 요원과 장비들로부터 강력한 상호관계의 힘이 생겨났다.

● 개별서비스unbundled service로부터 풀서비스까지

서비스를 상품과 분리해서 서비스만 따로 파는 것이 더 흥미로울 수도 있다.

예를 들면 에어리퀴드Air Liquide 사는 가스 유통에 수반하는 여러 가지 서비스들(재고 관리와 자동 재공급, 파이프 라인의 감시, 최종 사용처로 배달, 시설의 원격 감시, 장비의 유지보수, 훈련과 감사 등)을 공급한다.

이런 서비스들은 별도로 팔 수도 있는데, 그런 경우 가격은 주로 해당 서비스들이 사용하는 자원과, 활동당 소요시간, 인력의 가동률, 인건비와 부속품들을 근거로 매겨진다.

고객들을 위해 달성한 결과물을 가지고 가격을 매기는 것이 더 흥미로울지 모르겠다. 제조산업의 사후시장에서 베어링 비용은 기계가 정지하는 비용과 비교하면 매우 작은 것이다. 사용자들은 정지 시간을 최소화하려고 한다. 예를 들면, 제지 공장에서 가장 높은 우선순위는 가동정지 후에 복구하는 시간이다.

다시 말하지만, 가치창조 사이클은 사후시장에서 사용자들의 니즈를 보여주는 유용한 도구다(그림 9.3 참조).

SKF는 제조업의 사후시장은 지역에 상관없이 똑같은 기본적인 니즈를 가지고 있다는 것을 발견했다(그림 9.3 참조). 베어링의 수명이 중요한 역할을 하는데, 베어링의 수명은 상품의 품질과 어떻게

[그림 9.3] 사후 시장의 고객들을 위한 가치 창조 사이클

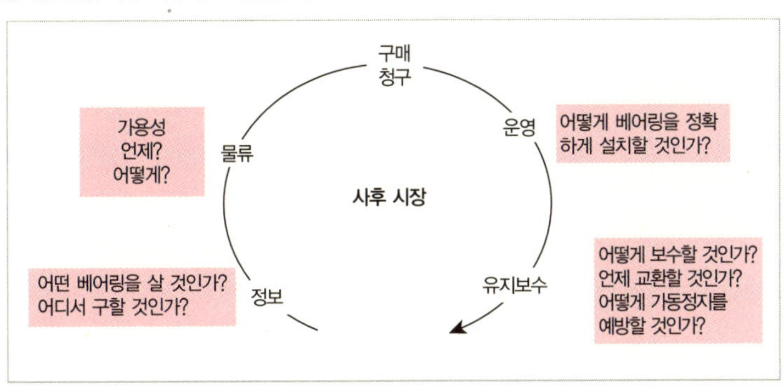

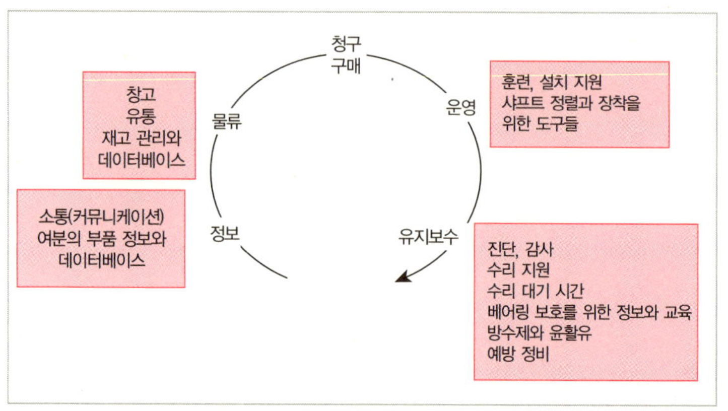

베어링이 설치됐는지 및 주변 환경으로부터의 보호와 유지보수 수준 등에 의해 영향을 받는다. 대부분의 가동정지 시간downtime 은 적합한 장비를 물색하거나 올바른 전문가를 찾는 데 소비된다.

〈그림 9.4〉는 'SKF 베어링서비스' 사업본부가 각 지역의 유지보수 지원센터를 통해서 제공하는 서비스 가치제안의 구성요소들을 보여주고 있다. 각 나라들은 지역 상황에 따라서 독자적인 서비스 전략(자체 센터의 신설, 지역의 유통업자와 조인트 벤처의 설립, 혹은 독자적인 유지보수 조직을 가지고 있는 제조회사들과의 협약 등)을 개발했다.

● 풀서비스는 결과에 기반을 둔다

롤즈로이스Rolls-Royce 사는 엔진을 비행기 회사에 대여하고 엔진이 가동하는 시간당으로 비용을 받는데, 컨설팅 및 전문지식 제공에서부터 부품조달, 유지보수와 훈련에 이르는 풀서비스를 제공한다. 롤즈로이스는 프론트 스테이지를 확장해서, 비행기 회사 영내에 앉아 있는 비행기의 날개 밑에 자기네 전문가 팀을 심어놓았다. 전적인 책임을 지고 고객사의 가치창조 사이클 상에서 고객의 업무를 수행하는 것이다. 롤즈로이스는 고객에게 제공하는 가치를 고객의 비즈니스 용어인 엔진 가동시간으로 측정해서 비용을 받는다. 롤즈로이스는 고객에게 자신들이 만드는 상품만 파는 것이 아니라 고객들이 원하는 것, 고객들이 가치 있다고 생각하는 것까지 제공한다.

똑같은 접근방법이 도시나 공장의 발전소power plant 의 구매자들에게 단순히 모터를 파는 것이 아니라 킬로와트시kWh : kilowatt-hour 를 파는 디젤엔진 회사에도 적용된다.

에어리퀴드는 지역고객지원이라는 개념을 가지고, 단절 없는 인터페이스를 통하여, 고객 사업장 현장에서 일어나는 가스와 관련된 모든 활동들을 고객의 요구에 맞게 그리고 고객의 통제 하에서 수행한다. 이러한 인소싱insourcing(자기 회사가 가지고 있지 않은 비즈니스 역량을 외부회사가 자기회사 내에서 대신 수행함-옮긴이주) 활동들을 위해 굉장한 인적자원의 지원(물자 조달, 유지보수, 감사, 회계 등)이 필요하고, 특수 도구와 장비들이 필요하며, 구체적인 안전규칙을 준수해야 한다(그림 9.5 참조).

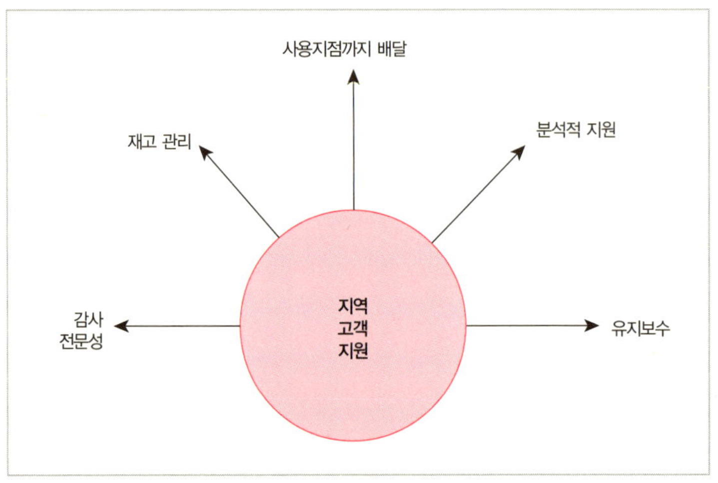

서비스마스터Service Master 사는 학교, 병원, 사무실, 공장의 청소 니즈를 관리한다. 최첨단의 장비, 기술, 전문지식을 가지고, 그리고 고객사 직원들의 업무를 더 잘 조직화함으로써, 서비스마스터는 비용, 잉여인력과 인원수를 줄이고 품질을 향상시킬 수 있다.

양 당사자 간의 약속은 계약으로 공식화된다. 계약에는 실적에 관한 확고한 보증과 책임의 한도가 나열되어 있다. 이런 종류의 서비스를 파는 것은 매우 강도 높은 계획적인 활동이다. 새로운 서비스 계약을 사인하는 데는 몇 개월 또는 수년이 걸릴 수 있다. 그러나 계약서에 사인하는 것은 단지 진짜 일을 시작하는 시점일 뿐이다.

- **요컨대, 현재 동향은 상품으로부터 솔루션으로 옮아가고 있다는 것이다**

상품 플러스product plus로부터 풀서비스full service로 옮아가는 서비스의 방향 전환은 치열한 경쟁의 레드오션red ocean으로부터 관계와 협력의 블루오션blue ocean으로 이동하는 기회다.[2] 이것이야말로 잭 웰치Jack Welch가 GE의 회장으로 있을 때 한 말이었다.[3]

효과적인 실행을 위해서 당신은 고객의 비즈니스 내면을 깊이 들여다보고, 고객의 현장에 물리적으로뿐만 아니라 전자적으로도, 또한 정신적으로도 직접 현존하고 있을 필요가 있다. 이것은 서비스 영역의 다른 한 쪽 끝에 있는, 전문직에 의해 제공되는 순수 서비스산업에서 더욱 명백하다.

전문직 서비스_컨설팅사업, 금융서비스, 증권중개업

전문직 서비스는 본질적으로 사람 비즈니스다. 전문직 서비스는 광고에서부터 법률사무 및 컨설팅에 이르기까지 광범위한 활동을 다룬다. 마크 스콧Mark Scott[4]에 따르면, "모든 전문직 서비스 회사들은 한 가지 공통적인 특징에 의해 통일되어 있다. 즉, 그들의 자산은 매일 저녁 현관문을 걸어서 나가고, 그들의 생계는 취약한 고객관계 위에 세워져 있다." 이 점은 서비스 삼각형에 분명하게 나타나 있다(그림 9.6). 전문가들은 독립적인 편이라서 회사와 자기들과의 관계를 쉽게 끊을 수 있다. 전문가들과 매우 강력한 관계를 맺고 있는 고객사들은 전문가들을 쫓아갈 수도 있을 것이다. 그러나 회사는 견고한 브랜드와 명성을 가지고 전문가들을 계속 보유할 수 있을 것이다.

회사는 가장 관심 있는 고객사들 및 의미 있는 프로젝트들을 유치해야 하고 또한 가장 재능 있는 전문가들을 지켜야 한다. 그러나 이들 주인공들 사이에서 훌륭하게 균형을 유지할 뿐 아니라 삼

[그림 9.6] 전문직 서비스를 위한 서비스 삼각형

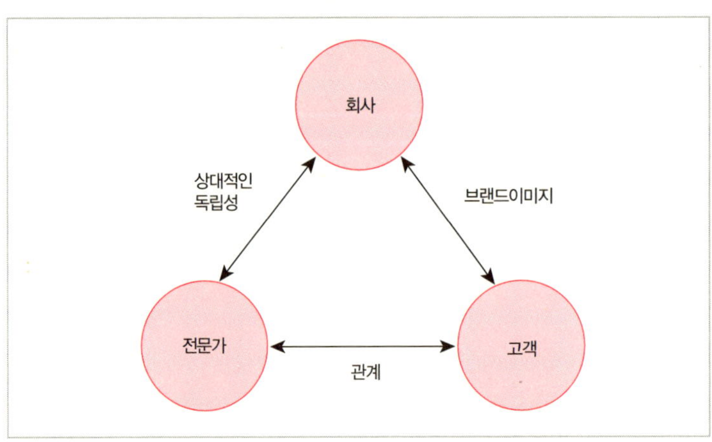

각형의 세 코너에서 모두 잘하는 것은 어려운 일이라는 것이 증명되고 있다. 전문지식을 가지고 있는 재능 있는 전문가들은 기술적 우월감 및 고객과 회사에 대하여 상대적 독립성을 즐긴다. 그들은 회사보다도 동료 전문가들 및 전문가협회에 더 깊은 유대감을 갖는 경향이 있다. 그들은 돈과 명성을 가지고 있다. 그들에게 가장 필요한 것은 일에 대한 흥미, 도전, 재미 그리고 자유다.

전문가들의 행동을 규제하고 관리해야 하는 필요성과 전문가들의 독립성 유지 요구 사이에서 균형을 잡기란 매우 어렵다. 더욱이 관리직은 임시로 맡는 역할일 때도 많다. 리더십은 입증된 업무 전문성을 보유하고 있을 뿐만 아니라 가치와 방법에 대한 의견 일치를 이끌어낼 줄 아는 협상능력을 가진 전문가들에 의해 가장 잘 발현된다.

다른 한편으로 고객들은 개인적 관계와, 안도감, 그리고 수수께끼 같은 언어가 아닌 자신들이 이해할 수 있는 용어로 설명을 제공받길 기대한다.

아래에 두 종류의 전문직 서비스회사를 예로 들어서 지금까지 개발된 서비스 개념과 도구들이 얼마나 적절한지 보도록 하자.

● 컨설팅 사업

서비스–집중도 매트릭스는 컨설팅 회사의 위치를 분석하는 데 유용한 도구다.

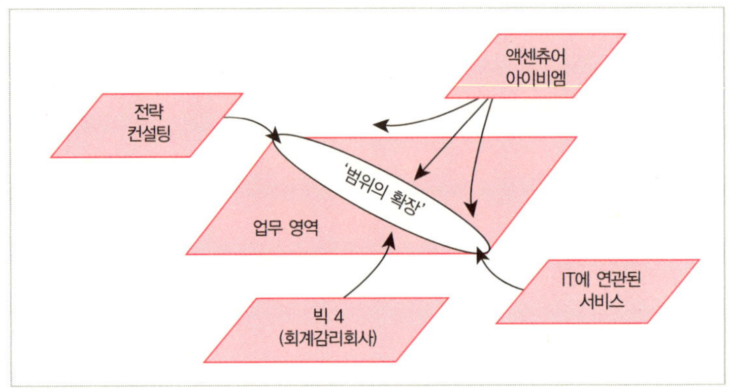

매트릭스의 위쪽 왼편을 차지하고 있는 맥킨지나 보스턴컨설팅그룹 같은 전략 컨설팅 회사들은 최첨단의 솔루션들을 제공한다. 고객들은 이런 회사들과 함께 일하면서 깊숙한 경영 참여와, 리스크의 공유 그리고 뚜렷한 수익성의 개선을 기대한다.

표의 아래쪽 오른편 구석에는 EDS, 캡제미니Cap Gemini, 소프트웨어 회사들, SI(시스템 통합) 회사들과 같은 IT 관련 서비스 회사들이 통상적인 어플리케이션application 시스템들을 제공하고 있는데, 그런 시스템들이 점점 더 보편화되고 일용상품화되면서 가격에 매우 민감해지고 있다. 이런 불안한 위치로 몰리는 것을 피하기 위해서 이런 회사들은 작업에 컨설팅을 추가해서 앞선 그림의 대각선(가치 사슬value chain)을 따라서 좀더 통합된 비즈니스 솔루션을 제공하는 방향으로 이동하려는 경향을 보이고 있다.

소위 4대 회사Big Four 라고 불리는 회계감리회사들Ernst & Young,

Pricewaterhouse Coopers, KPMG, Deloitte 도 같은 고민을 안고 있다. 그들 역시 컨설팅 사업으로 진출하기 위해 애쓰고 있는데, 이는 컨설팅 사업을 같이 하게 되면 동시에 심판관과 이해당사자가 되는 리스크는 있지만 수임료를 더 높게 받을 수 있기 때문이다. IBM과 Accenture 같은 회사는 대각선을 따라서 더 광범위한 영역의 업무를 제공하고 있는데, 그들은 비즈니스 프로세스 관리로부터 시스템 통합은 물론 기술과 비즈니스 운영, 조직 및 전략을 묶은 비즈니스 통합까지도 커버하고 있다.

맥킨지와 같은 전략 컨설턴트들의 천직은 조직의 혁신과 그 변화하는 과정의 관리다. 그들은 고객사의 임원회의에 들어서면, 비즈니스 결과에 대해 약속을 하고 결과적으로 고객사와 함께 리스크를 공유한다. 고객들은 컨설턴트들이 깊숙이 참여해서 자기네 프로젝트 팀과 훌륭하게 협업하여 공동으로 문제를 해결할 것을 기대한다. 이렇게 상호작용이 빈번한 팀워크는 주로 프론트 스테이지에서 일어난다. 서비스의 내용은 매우 높은 수준이다. 솔루션과 어플리케이션들이 대각선을 따라서 자연스럽게 일용상품화되는 쪽으로 흘러가지 않도록 하는 것이 매우 중요하다(그림 9.8).

반면에 시스템 통합 사업자들은 그들의 백 스테이지에서, 다른 상품들과 통합되어 있는 네트워크 서비스와 어플리케이션 프로그램들을 제공한다. 프론트 스테이지 활동은 어플리케이션들의 배포와 구현에 집중하고 있다.

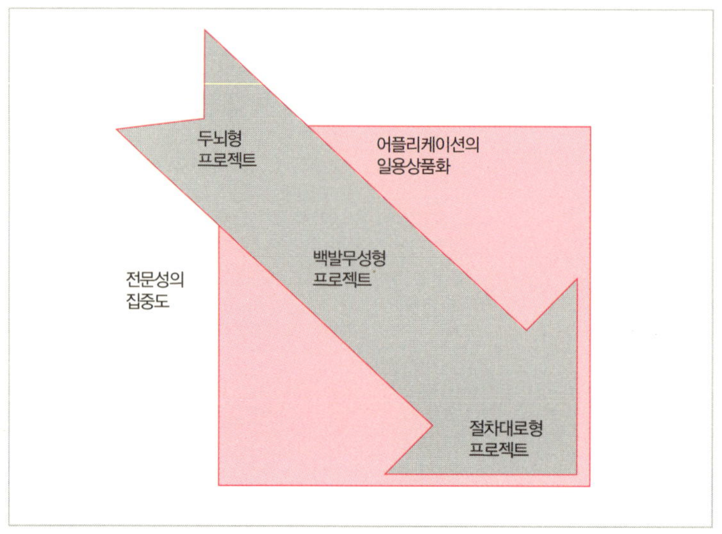

서비스믹스The service mix

전문가들은 더 많은 고객과 더 많은 프로젝트가 아니라, 더 좋은 고객과 더 좋은 프로젝트를 통해서 더 높은 수임료를 받을 수 있는 것으로 나타난다. 고객 베이스를 좁게 가져가고, 소수의 핵심 고객들을 목표로 정해서 전략적 관점에서 장기간 깊은 관계를 형성해 나감으로써 컨설팅회사들은 최종 결과에 집중할 수 있고, 가치 기반의 가격 체계pricing schemes를 만들어낼 수 있다. 그들은 수행한 활동에 대해서 비용을 매기는 것이 아니라, 고객이 실제로 변화한 것에 대해서 비용을 매긴다. 이렇게 함으로써 그들은 마케팅과 운영비용을 동시에 줄일 수 있고 컨설턴트 인력의 활용도를 높일 수 있다. 또한 고객사가 다국적 기업일 때는 전 세계 영업망을 갖춘 것이 중요한 경쟁 우위를 가져다 준다.

　운영관리 측면에서 또 다른 성공의 핵심 요소는 전문가들의 서비스 시간을 지렛대로 활용하는 것leverage of professional time 이다. 지렛대 leverage 는 파트너partner(컨설팅회사의 임원급을 가리키는 용어-옮긴이)와 매니저, 컨설턴트들 간의 업무를 분리하는 데서 생긴다. 파트너들과 소위 레인메이커Rainmaker(영업실적 최우수자)들은 매니저나 컨설턴트들이 할 수 있는 업무를 수행해서는 안 된다. 의사들이 간호사들이나 원무실의 행정요원들이 할 수 있는 업무를 수행해서는 안 되는 것과 마찬가지다. 지렛대는 파트너와 매니저들의 수, 매니저와 컨설턴트들의 수의 비율로 측정할 수 있다(세 계층으로 된 단순한 조직에서는). 액센츄어Accenture와 같은 회사에서는 한 명의 파트너당 지렛대 비율이 1:6:30이고, 전통적인 법률회사에서는 이 비율이 1:2:5이다. 파트너가 되는 것에는 분명한 보상이 있다. 왜냐하면 지렛대 비율이 파트너들의 수익에 직접적인 영향을 주기 때문이다. 게다가 파트너와 매니저들은 영업활동과 고객과의 관계 강화, 부하직원들에 대한 코칭과 멘토링에 시간을 써야 하기 때문에 그들이 고객에게 직접 자기 활동에 대한 비용을 매기는 시간 billable time 은 줄어든다.

　재능 있는 인력을 선발recruitment 하고 채용selection 하는 것은 비즈니스의 최종 결과와, 팀워크, 고객과의 관계의 질에 결정적인 영향을 끼치는 요소다. 선도적인 컨설팅 회사들은 최고로 영민하고 결과지향적인 팀 플레이어들을 채용하는 데 엄청난 노력을 경주하고 있다. 전문가들의 훈련training은 긴밀하게 엮여 있다. 컨텐츠(분석도구와 산업지식)에 관한 훈련, 팀워크를 증진시키는 기술 훈련, 컨설팅 회사의 가치 체계와 경영지침 및 업무 처리 절차에 관한 훈련 등이 전문가들에게 필요한 훈련들이다. 전문가 회사들의 가장 중요한 자산은 지식이다. 따라서 지식을 가장 빠르고 효율적으로 관리하고 공유하고 배포하여야 한다.

데이비드 마이스터David Maister[5]가 설명했듯이 "전문가 회사들은 비용청구 가능 시간과 비용청구 불가 시간에 관해서는 이제 그만 생각하고, 세 가지 새로운 분류에 대해서 생각하기 시작해야 한다. 즉, 매출시간income time (고객사를 위해 일하는 시간), 투자시간investment time (회사의 미래를 창조하는 시간) 그리고 개인시간individual time(그 밖의 모든 것)이 그것이다." 특히 투자시간은 지식 관리에 집중해야 한다.

마지막으로 이런 세련되고 재능 있는 인재들은 특별한 관리 스타일management style 과 문화culture 를 통하여 더욱 개발되고, 유지되어야 한다. 특별한 관리스타일과 문화는 파트너들과 매니저들에 의한 멘토링과 코칭을 통해 개인의 헌신commitment 과 열정을 강화시킬 것이고, 적절한 도전과제들을 배려하며 제공함으로 컨설턴트들이 경험을 쌓고, 공정한 보상과 승진을 제공받을 수 있도록 도울 것이다. 컨설팅회사의 문화는 컨설턴트들이 일관성 있는 품질을 고객에게 전달하도록 그들의 행동을 균질화하는 데 큰 역할을 한다. 문화는 강력한 가치체계로 표현되고, 다음과 같은 모토로 요약되기도 한다. "배려하자, 공유하자, 도전하자."

● 금융 서비스와 증권 중개업

규제 완화, 정보 기술의 발전, 인터넷 웹의 확산으로 인하여 풀서비스 증권회사들은 디스카운트 증권회사와 온라인 증권회사들의 위협을 무시하기 어렵게 되었다. 풀서비스 회사들은 높은 수수료를 받는 대신 투자에 대한 조언을 제공한다.

디스카운트 증권사의 첫 번째 물결은 찰스슈왑Charles Schwab 사가 주도했는데, 이 회사는 과감하게 투자자들이 직접 증권거래를 하도록 하자는 야심 찬 목표를 갖고 사업을 전개해나갔다. 이 회사는 편리함을 추구하는 고객의 요구에 부응하기 위해 영업점, 전화를 통한 증권거래 서비스, 온라인 증권거래를 아우르는 멀티 채널 전략을 선택하였고, 이를 위한 기술들을 채택하였다. 영업점은 신규계좌를 개설하는 업무와 중요한 거래를 하는 고객을 도와주는 일에만 전념한다. 자동화된 전화 증권거래 서비스는 고객들로 하여금, 고객상담원과 직접 대화하지 않고서도 증권을 사고팔고, 계좌 상황을 파악하고, 거래 가격을 정하는 것을 가능하게 하였다

몇몇 웹사이트들이 갑자기 나타나서 풀서비스 증권사들이 매

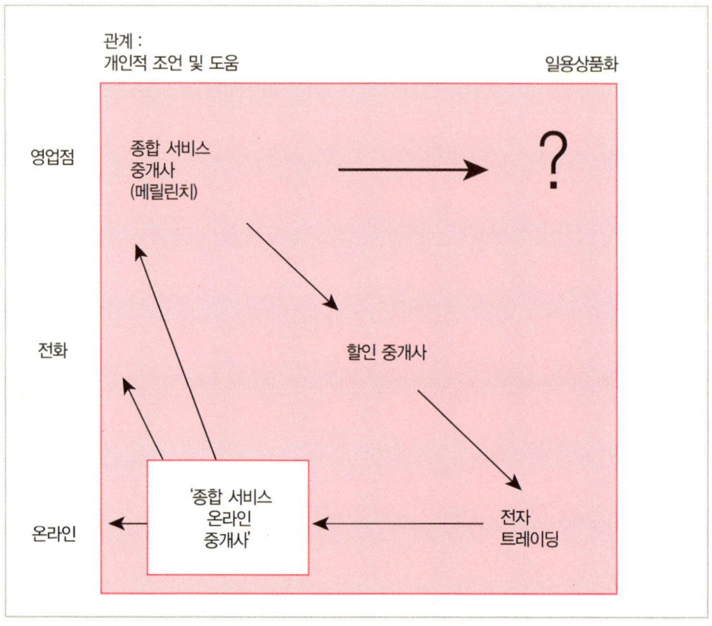

기던 수수료의 몇 분의 일만 받고 고객들이 직접 증권을 사고 팔게 해주자 기본적인 증권거래 업무는 일용상품이 되어버렸다. 찰스슈왑은 재빨리 e-비즈니스로 옮겨가서 온라인 중개업무와 할인 중개업무를 통합하고 전화상담 직원과 영업점 직원들에게 웹 사용을 훈련시켰다.

이런 역동적인 진화과정이 〈그림 9.9〉에 서비스-집중도 매트릭스 상에 표현되어 있다.

회사들이 이 매트릭스에서 아래쪽 오른편 구석으로 미끄러져 가게 되면서 그들의 비즈니스는 일용상품화되고 수수료를 삭감해야 하는 심각한 압력에 봉착하게 되었다. 중개업자로 살아남기 위해서 기술을 사용하는 방법을 배우고, 다양한 상품군들을 시장에 소개하고, 투자에 관한 조언과 판단의 형태로 고객들에게 진짜 부가가치를 주는 서비스를 제공하는 것이 절대적으로 필요했다.

증권거래 비즈니스는 주로 손쉽게 처리 및 배포 가능한 성질의 디지털 정보들을 다루기에, 적은 추가적인 비용으로도 고객과의 관계를 풍성하게 하고 각 개인별 서비스를 제공하며 고객들에게 조언과 도움을 주는 것이 가능했다. 찰스슈왑은 고객들이 직접 업무를 처리할 수 있도록 고객들을 교육시키고 고객들에게 자산관리, 주식 선정, 재무 계획, 각종 정보 및 예상 자료를 보여주는 도구들로 무장시켜서 풀서비스 온라인 증권사로 거듭났다. 다음 단계는 인터넷 기반의 증권거래와 대형 증권사들이 제공하는 투자상담서비스의 일부를 혼합하여 풀서비스를 재창조해서 메릴린치의 영역으로 진입하는 것이었다. 찰스슈왑은 상당한 액수를 투자하고 있는 활동적인 투자자들을 위한 일련의 특별 서비스를 시장에 소개하였다. 상위 계층의 고객들은 증권투자 전문직원을 만나서 맞춤식 투자자문 서비스를 받을 수 있었다.

찰스슈왑이 풀서비스 중개업무에 진입하려는 움직임을 보이자, 이에 대응하여 메릴린치는 인터넷 증권거래를 도입해 금융에 관한 원스톱 서비스 제공자로서 포지셔닝을 하였다. 메릴린치는 회사에 모두 맡기고 풀서비스를 원하는 고객뿐만 아니라 스스로

결정해서 거래하는 투자자들을 위해 광범위한 상품과 선택 사양
들을 제공하였다.

2000년도에 주식시장이 슬럼프에 빠지자 메릴린치의 무리한
사업확대와 방만한 원가 관리의 결과가 드러났고, 그룹 전체를 심
각하게 수술해야 한다는 위기감이 촉발되었다. 재무상담 직원들
이 제대로 서비스를 제공할 수 없을 정도로 작은 고객들이 너무
많아서 시스템이 마비될 지경이었다. 고객들을 적당한 세분시장
으로 나누는 것이 절체절명의 과제였다. 평균적으로 한 명의 재무
상담 직원들이 550명의 고객들을 관리하고 있었는데, 이 숫자는
너무 많아서 고객들을 일관성 있게 서비스할 수 없었다. 이 숫자
를 200으로 줄임으로써, 이 회사는 고객과 더 자주 접촉하고, 문
제가 있으면 신속하게 해결하며, 상세한 부분까지 세밀히 살피는
소위 '궁극적인 고객의 경험ultimate client experience'을 제공할 수 있었
다. 수퍼노바Supernova 프로젝트[6]는 12-4-2 방식을 성공적으로 실
현하였는데, 이는 각 직원들이 관리하는 200명의 주요 고객들에
게 최소한도로 제공되는 접촉 횟수를 규정한 것으로서, 1년에 12
번은 적극적으로 접촉해야 하고, 그중에서 네 번은 보유주식 구성
을 같이 검토해야 하며, 두 번은 반드시 고객과 직접 만나야 한다
는 것이었다.

다소 논란거리가 된 것은 중앙집중식 콜센터인 '재무상담 센터
Financial Advisory Center'로 나머지 350명의 고객을 이관하는 것이었다.

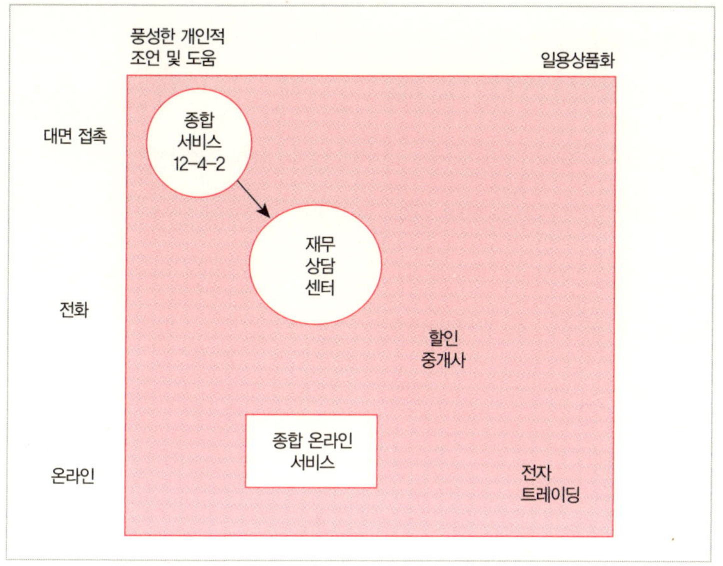

상대적으로 거래 규모가 작은 이 고객들에게도 적어도 일 년에 네 번은 시스템적으로 연결하여 그들의 니즈가 충족되고 있는지 확인해야 했다.

〈그림 9.10〉은 훨씬 더 컸던 원래의 고객관리군을 대체한 두 개의 세분시장의 위치를 보여주고 있다. 균질화homogeneous 가 잘된 세분시장을 다룰 경우에 얻게 되는 명백한 장점은 업무처리를 매끄럽게 할 수 있다는 것이다. 각각의 세분시장에 적합한 업무처리를 하는 것이, 한 가지 업무처리 방법을 모든 고객들에게 적용하는 것보다 훨씬 더 효과적이라는 것은 자명하다.

수퍼노바 접근방법이 성공하기 위해서, 재무상담 직원들은 그들의 업무운영 방식을 '수렵인hunter'에서 '농부farmer'로 바꾸는 것에 대해서 확신을 갖는 것이 필요했다. 그들은 고객들에게 대응할 때 더욱 시스템적으로 접근해야 했으며, 전화를 대신 받아주고, 서류를 준비하고 갱신하며, 외부와의 약속을 잡아주는 업무도우미와 더 긴밀하게 일해야 했다. 이런 중요한 문화적인 변혁은 변화관리를 통해서 세심하게 추진되어야 했다. 다음 장에서는 이 변화관리에 대해서 다루기로 하겠다.

아래 그림에서 물이 새는 양동이 모델은 무엇이 위태로운지를 잘 설명하고 있다.

[그림 9.11] 물 새는 양동이 모델

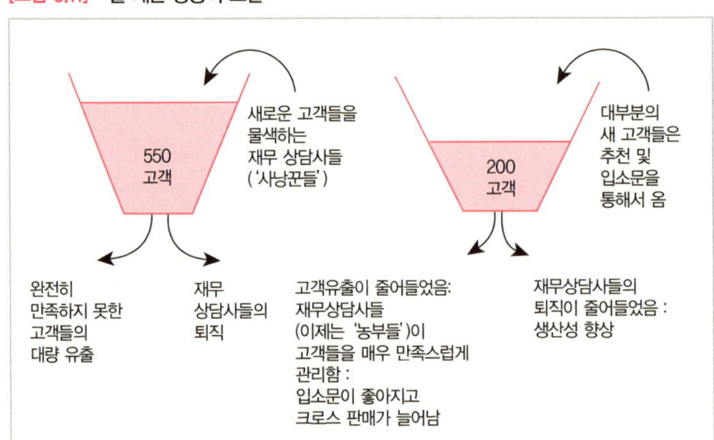

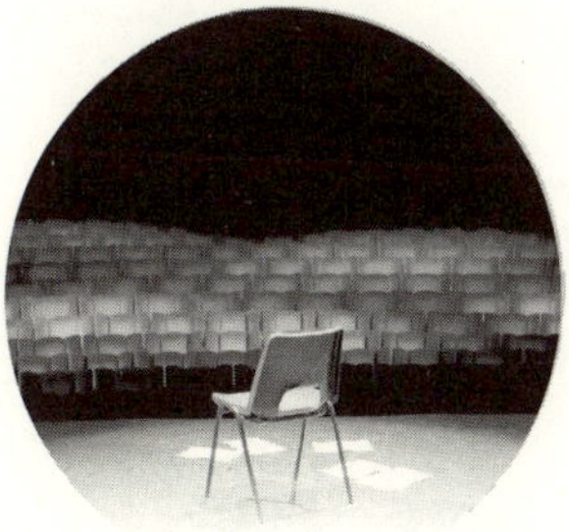

변화 관리

MANAGING THE CHANGE PROCESS

시장에서의 힘은 가치value에 있다. 가치는 결과로 이어진다. 싸구려 상품으로의 전락, 과잉 수용능력overcapacity, 그리고 가격 전쟁의 치명적인 소용돌이를 피하기 위해서 경영자들은 끊임없이 어떻게 더 많은 가치를 주입하고 원가를 줄일 것인가를 자문해야 한다. 전략적으로 사업의 위치를 재정립하고, 새로운 시각으로 시장을 세분화하고, 새로운 서비스 가치제안을 통해서 기업들은 가치를 재창조하여 치열한 경쟁의 파고 높은 바다에서 벗어나 잔잔한 바다로, 아니면 틈새 항구로 항해할 수 있다. 튼튼하고 지속 가능한 우월성을 추구하는 데 있어서 서비스-집중도 매트릭스와 가치창조 사이클과 같은 도구들이 유용하게 쓰인다.

더욱이 경영자들은 품질격차를 줄이고, 수용능력을 완전하게 가동하며, 경쟁자들보다 훨씬 빠른 속도로 차별화를 위한 기회를 찾기 위해서, 지속적인 개선Continuous Improvement을 위한 동력에 시동을 걸거나 재점화를 해야 한다. 딜레마는 늘 요구하는 상사인 고객들을 모든 사람들의 업무에 더 많이 개입시킴으로써 연속성과 변화 사이에, 그리고 통제와 가속화 사이에 긴장을 관리하는 것이다. 이런 지속적인 개선은 조직 내에서 운영되며 백 스테이지를 프론트 스테이지와 연결시켜주는 핵심 작업과정들을 따라서 세 가지 품질 활동들이 함께 잘 어울려지게 한다.

작업과정process은 기둥과 같다. 그것들은 녹슬고, 구부러지거나 부러지려는 경향이 있다. 목표는 자연스러운 부식을 막고, 처음부터 올바르게 일을 시작해서 두 번째는 더 잘하고, 낭비를 줄이고, 작업과정을 재정렬하는 것이다. 지속적인 개선에는 한도가 없다. 왜냐하면 그것은 모든 사람, 모든 작업과정에 관한 것이고, 경쟁력 있는 차별화를 창조할 가능성은 무궁무진하기 때문이다(그림 10.1 참조).

수익 회복, 위치 재정립repositioning, 재정렬 등은 일견 이론상으로는 달성 가능한 것처럼 보이지만 실제로는 많은 기업들이 실현단계에 들어가서는 제대로 수행하지 못하고 있다. 변화 전략가들은 종종 이국의 멋진 휴양지에서 만나서 회의를 진행하고 거창한 해답을 가지고 온다. 반면에 변화를 수용해야 할 사람들은 정작 그들의 경영자가 기대했던 것만큼 흥미를 느끼지 못한다. 그들은 거창한 타이틀로 포장된 새로운 변화 프로그램의 물살에 주기적으로 허우적대서, 면역적으로 거부반응을 일으키는 경향이 있다. 예를 들면, 세 가지 품질 활동을 포괄하는 큰 우산인 지속적인 개선

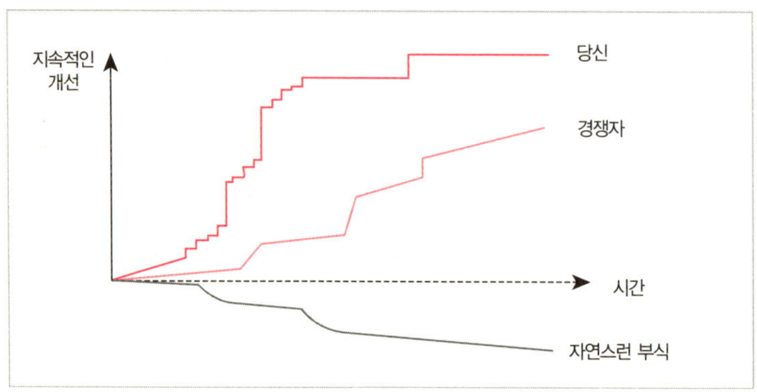

Continuous Improvement 방법은 조금씩 다른 면을 강조하는 새로운 이름을 갖고 주기적으로 재등장한다. 즉, 종합적 품질관리TQC: Total Quality Control, 종합적 품질경영TQM: Total Quality Management, 카이젠Kaizen, 비즈니스 프로세스 리엔지니어링BPR: Business Process Reengineering, 시간경영Time-Based Management, 식스시그마, 린 식스 시그마Lean Six Sigma, 변화가속화 프로그램Change Acceleration Process 등등이 그런 것들이다.

최초의 흥분은 오래 지속하지 못할 때가 많다. 끈기가 없기 때문에, 관심도가 변해서, 외부 압력이 너무 세서, 너무 빨리 시도했다가 금방 지쳐버려서, 책임자의 승진 때문에, 또는 단순히 동기부여가 너무 낮은 수준이거나 변화에 대한 저항 때문에 그렇다(그림 10.2).

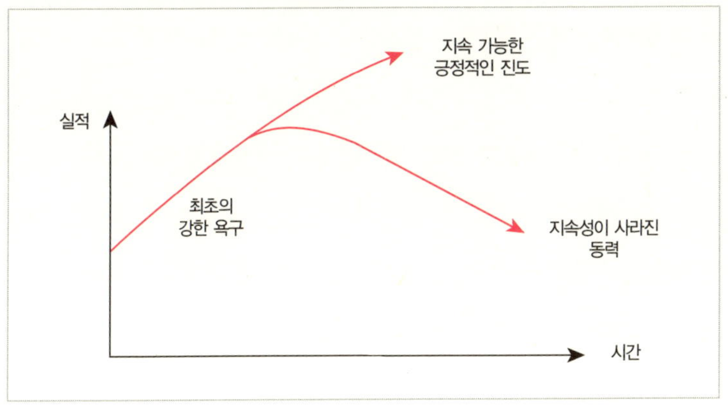

여기서 빠진 것은 비전이나 개념 혹은 이론이 아니다. 방법론과 끈기가 없는 것이다. 변화는 그저 일어나지 않는다. 변화는 실행과 행동에 초점을 맞춘 시스템적인 프로세스에 의해서 가이드되어야 한다. 변화는 혁신을 지렛대로 활용하고 조직을 재단장하는 시스템적 방법론, 즉 문화적 변화를 가능하게 하는 틀에 의해서 가이드되어야만 한다.

간단한 비유_변화프로세스와 다이어트의 공통점

변화프로세스의 여러 가지 측면을 설명하는 좋은 방법 중의 하나가 살을 빼려는 사람들의 경우와 비유해서 생각해보는 것이다.

어려움을 참고 다이어트를 계속하려면 시스템적인 접근방법이 필요하다. 먼저 당신은 오랜 습관의 안락한 영역에서 빠져 나와야만 한다는 것을 명확히 이해해야 한다. 매일매일의 일상에 쫓기다 보면 다이어트를 미루게 되는 이유가 많게 마련이다. 당신은 누군가가 당신에게 변해야만 한다고 말한다고 해서 변하지 않는다. 당신은 당신 자신에게 변해야만 한다고 다짐할 때 변한다. 대부분의 경우는 위기감이 생겨야만, 건강에 직접적인 위협이 닥쳐야만 제대로 된 긴급함이 형성된다. 그때는 당신은 가족이나 친구 또는 의사들의 도움과 조언이 필요할 수 있다. 또 다른 측면에서 보면 당신이 새로운 관점을 갖게 됨에 따라 달라지는 좋은 점은, 당신이 시작해야 하겠다는 용기를 갖게 되고 실천 계획을 짠다는 것이다.

이런 준비 국면은 다음의 네 가지 질문을 맴돈다.

왜 변해야 하나?

누가 도와줄 수 있나?

무엇이 새로운 관점의 좋은 점인가?

어떻게 해야 거기에 도달할 수 있나?

실행 국면은 행동에 관한 것이다. 일단 당신이 첫 시도에서 성공하면 당신은 새로운 습관을 고수해야 하고 그것을 주기적으로 계속 연습해야 한다. 이 단계에서 당신은 주기적으로 검토를 받고, 그동안 이룩한 성과에 대해 가시적인 평가가 필요할 수도 있다. 마지막으로 당신은 새로운 행동과 규칙들을 정상적인 업무활동으로 설정한다. 달성한 성과를 자기 것으로 만드는 것이다.

행동은 세 단계로 일어난다.

실험하고experiment 배운다. 첫 번째 성공 획득.

적용한다deploy. 그리고 가속도를 유지한다

통합한다 consolidate. 규칙을 정한다. 성과를 유지한다.

변화프로세스를 조직에 구현할 때도 똑같은 질문들과 단계가 나타난다.

네 가지 질문_ 왜, 누가, 무엇을, 어떻게

● 왜? 긴박감을 형성하기

충분히 많은 사람들이 현재의 상태에 불만을 가지고 있으며 현재의 안락한 영역에서 벗어나야만 한다는 것을 이해하고 있는가?

정기적으로 같은 길을 달리는 마차가 길에 파인 바퀴자국을 따라가는 것처럼, 우리는 우리의 습관에 깊이깊이 빠져서 틀에 박힌 생활을 하고 있다. 몇 년을 계속 반복하다 보면 정규 활동들은 일상적인 것이 되고 전통이 되고, 심지어는 교리가 된다. 안락한 영역에서 우리는 습관에 단단히 틀어박혀서 현재 상태에 매달리고, 부정적인 신호를 무시하고, 우리가 믿고 있는 바를 확인하고 강화하려 하고, 미래를 평가절하한다. 그러므로 마차를 틀에 박힌 길에서 빼내서 새롭고 불확실한 길로 옮기기로 결정하기 전에, 반드시 심각한 불만의 원천이 있어야만 한다. 즉, 우리는 반드시 긴박감을 느껴야 한다. 대부분의 경우에 사람들은 더 좋은 선택이 있다는 말만 듣고는 변하지 않는다. 사람들은 다른 선택의 여지가 없을 때 변한다.

이 비유는 조직에도 그대로 적용된다. 변화를 위한 첫 번째 조건은 현재 상황에 대한 불만이다. 많은 경우에 조직을 뒤흔들고, 기득권을 해체하고, 안락한 영역에서 빠져 나와야만 한다는 절박한 요구를 만들어내기 위해서 위기를 사용한다. 루비콘 강을 건너온 뒤에 줄리어스 시저는 부하 장병들에게 타고 온 배를 모두 불살라버리라고 명령해서 탈출로를 끊어버리고 후퇴의 가능성을 없애버렸다. 군인들에게는 진군해서 정복하는 것 이외에는 다른 길이 없었던 것이다.

반전이 필요한 상황에서는, 모든 사람들은 변화해서 새로운 길을 찾아야 할 필요성을 인식할 것이다. 상황이 사람들을 가르친다. 생존에 대한 열망이 변화하고 배우는 것에 대한 근심보다 훨씬 크다. 그러나 회사가 여전히 괜찮은 실적을 내고 있어서 단지 재정렬이 필요한 경우에는, 직원들에게 변화가 필요하다는 것을 확신시키는 데 경영진이 많은 에너지를 쏟아 부어야 할 것이다.

깨우친 경영자들은 위기를 예견하여, 극적인 상황을 연출하고 가혹한 그림을 그려 보여주어서 재정렬의 필요성에 대한 의식을 끌어올릴 수 있다. 그들은 겹겹이 쌓이는 위기나 진짜 현실, 또는 새로운 금광의 기회를 지목할 수 있다.

십여 개의 온라인 증권거래사가 기본적인 증권거래 업무를 싼 수수료를 받는 일용상품으로 만들어버리자, 메릴린치는 이 위협의 심각도를 인지하고 자기들의 서비스 가치제안을 고객들의 니즈를 더 잘 만족시켜서 진정한 가치를 제공하는 쪽으로 재정립하였다.

사람들을 가르치고 확신을 심어주는 일은 징후와 문제들이 명백하게 눈에 보이지 않으면 끝도 없는 일이 될 수 있다. 이런 문제는 자기 회사를 경쟁자와 비교하거나, 다른 산업에서 비슷한 작업 과정을 벤치마킹함으로써 해결할 수 있다.

구체적이고 분명한 지표들, 예를 들면 낭비, 가치를 창출하지 못하는 활동들, 재고, 손실시간, 고객만족지수, 고객충성도 등을 측정하면 현실성과 객관성을 보여줄 수 있다. 또 다른 설득하는 방법은 완전히 만족하지 못하는 고객의 소리뿐만 아니라 고객이 아닌 사람들의 의견까지도 다시 소개하는 것이다.

어느 경우든지 사실과 결과 그리고 비교를 통해 분명하게 진단을 하면 조직을 깨울 수 있을 것이다. 더욱이 최고 경영진은 대규모의 조직 변경, 인원감축 계획, 또는 상당한 예산 삭감 등의 형태로 강력하고도 우렁찬 신호를 보냄으로써 결연한 의지를 표현할 수 있다.

SKF사의 사장이 회사의 전략적 지향을 전통적인 상품 중심에서 시장 중심으로 바꿀 것을 결심했을 때, 그는 회사의 모든 문화에 충격이 필요하다는 것을 깨달았다. 그는 대담한 조치를 취했다. 그는 판매-후-시장을 책임지고 있던 영업팀들의 지위를 격상시켜서 제조 사업본부 그 자체와 동급으로 만들었던 것이다. 베어링 서비스 사업본부의 창설은 새로운 서비스 문화를 개발하는 것이 필요하다는, 눈에 확 띄는 지표였다.

● 누가? 운영위원회와 혁신지도팀guiding coalition

누가 새로운 비전을 개발하고, 더 중요한 일이지만, 변화프로세스를 조직하고 인도할 것인가? 혁신지도팀guiding coalition은 운영위원회, 임원협의회, 국책실현 팀, 업무처리 개선 사무소, 또는 전문가 센터 등의 형태로 만들어진다. 이름이 무엇이든지 간에, 이 팀의 역할은 변화프로세스를 리드하고 시범 운영하는 것이다.

첫 번째 과업은 새로운 전략적 지향점을 결정하고, 그 지향점을 향한 팀원의 굳은 의지와 열정을 고취시키는 일이다. 다음 단계는 조직 내 정치적인 관계를 분석해서 누가 핵심 인사들이고, 그들의 힘의 원천이 무엇인지 파악하고, 중요한 제한사항과 장애요소가 무엇인지, 성공할 가능성이 가장 높아지려면 어디서부터 시작해야 하는지를 찾아내는 것이다.

실행 국면에서는 운영위원회가 새로운 비전을 소통하고 가르치는 것을 도와줄 것이다. 위원회는 수차례에 걸쳐 리뷰 회의를 조직하고 건실한 대화를 통해서 궁극적으로는 직원들이 변화를 수용하는 자기약속을 하게 하고, 책임소재를 분명하게 해주어야 한다. 따라오는 사람은 상을 주고, 따라오지 못하는 사람들은 교육을 시키고 강제로 동원해야만 한다.

마지막으로 새로운 문화가 형성됨에 따라서 운영위원회는 새로운 규칙과 새로운 표준을 정하고, 새로운 습관과 행동을 통합할 새로운 성과평가 시스템을 정한다.

● 무엇을? 확신을 주는 새로운 비전 만들기

직원들에게 그들이 공유해야 할, 확신을 주는 새로운 비전을 제공하지 않은 채 조직을 풀어서 안락한 영역 밖으로 직원들이 나오도록 하는 것은 매우 위험한 일이다.

약속의 땅은 어디 있는가? 히브리인들은 모세가, 매일 일용할 양식이 나오고 때때로 작은 사치도 가능한 생활의 비유로서, 젖과 꿀이 흐르는 땅을 주겠다고 약속하자 노예생활을 떠날 준비를 하였다. 모세의 약속은 정밀한 것은 아니었지만 확신을 심어주는 것이었다. 사실 모세는 젖과 꿀이 흐르는 땅을 주지는 못하였다. 그렇지만 그들이 나라를 세우도록 도와주었다.

비전은 사람들에게 의미와 흥분을 주는 것이어야만 한다. 사람들로 하여금 그들의 업무를 '왜' 뿐만 아니라 '무엇을' 해야만 한다는 것을 이해하도록 하는 것이어야 한다. 모든 사람들은 전략적 방향을 자기 내면화시킬 수 있고, 조직을 가로질러서 협력의 천을 짜고 또 짜는 일의 중요성을 이해할 수 있을 것이다. 에너지는 올바른 방향으로 동원되고, 전략적 우선 순위에 부합하는 프로젝트들에 자원이 할당된다.

가장 힘든 과업은 리드하는 것이다. 즉, 확고한 자기 약속과 목표의 일관성을 보여주되 유연함을 유지해서 조직의 에너지와 참여를 충분히 촉발시킬 수 있어야 한다. 작전 지도는 가볍게 채워져서 전술을 펼칠 수 있는 여유가 있어야 한다. 실행 지침서와 지도 방법은 유능한 교수법에 따라서 행해져야 하고, 유연성이 있어야 하며, 지역 사정의 특성을 존중하는 것이어야 한다. 이 점은 프론트 스테이지에서 발생하는 서비스의 특성을 다룰 때는 특히 그렇다.

조직의 내부에다 비즈니스의 사명mission을 팔기 위해서는 강력한 주제theme, 즉 파악하기 쉽고, 소통하기 쉽고, 외우기 쉬운 주제를 사용하는 것이 매우 합당하다. 예를 들면 SKF에서 사용한 회사의 사명 문구는 "우리는 무장애trouble-free 운영 비즈니스를 하는 회사다"였다. 고객들은 사실 베어링의 형태라든지 모델 번호에는 관심이 없다. 고객들의 관심은 오직 최고의 가용성을 가지고 기계가 돌아가는 것이다.

'무엇을'은 목표와 방향성을 주는 데 필수적이다. 그 다음 질문은 어떻게 그곳에 도달하느냐이다.

● 어떻게? 현상 분석 – 목표에 도달하는 방법

일단 긴박감이 수용되고 새로운 비전이 형성되면, 그 다음에 반드시 해야 할 사항은 전투계획을 세우고 고지를 점령할 진격로를 구상하는 일이다. 변화는 처음에는 매우 혼란스러운 작업과정이다. 하버드 대학의 클레이턴 크리스텐슨Clayton Christensen 교수는 한 연구를 통해서 혁신적인 상품이나 서비스가 처음에 나왔을 때에는 거의 작동하지 않았다는 것을 보여주고 있다.[1]

혼란과 면역거부 반응의 수준을 줄이기 위해서 실행단계는 단계별로 추진되어야 한다. 초기에 행해지는 실험 프로젝트들이 잘 되고 성공을 거둬서 전조가 좋으면, 변화 운동은 상당한 신뢰감을 얻고 교두보를 구축하게 될 것이다. 이런 초기 프로젝트들은 현저하게 의미가 있고 범조직적인 것이어야 한다(여러 조직 간에 걸친 것이거나 백 스테이지와 프론트 스테이지를 잘 연결하는 것 등). 가장 성공가능성이 높은 시스템의 부분들에 초기의 노력들을 경주해야 한다.

올바른 사람들과 올바른 팀을 선택하는 것이 프로젝트의 내용을 결정하는 것보다 훨씬 더 중요하다. 왜냐하면 유연성을 유지하고 현지 사정을 존중하는 것이 매우 중요하기 때문이다. 이 점은 특히 서비스 측면이 압도적으로 많을 때는 더욱 그렇다.

추진 방법을 이해하는 가장 좋은 방법은 소위 전파모델diffusion model을 참고하는 것이다(그림 10.3). 혁신그룹Innovators은 새로운 것에 도전하는 것을 즐기는 모험가 그룹이므로 변화운동을 태동시킬 것이다. 이런 사람들은 그들의 하고자 하는 의지와 역량을 보고 뽑아야 하지만, 실험도 할 줄 알고 상황에 따라 변화할 줄 아는 여유가 있어야 한다. 또한 프로젝트에 대한 확고한 주인의식이 있어야 할 뿐만 아니라 가용한 자원도(주로 시간) 갖고 있어야 한다.

초기 적응그룹Early Adopters은 혁신그룹이 쟁취한 조금 더 큰 규모의 그룹이다. 목표로 삼고 있는 그룹은 여론 주도층이다. 즉, 영향력을 갖고 있는 존경 받는 사람들과 중요한 자원들을 관리하는 소위 수문장들과, 프론트 스테이지의 일선 관리자들을 말한다. 그 다음에는 대규모의 추종자들Followers이 따라오는데, 그들은 새로운 접근방법들을 자기 눈으로 보고 유형적인 결과를 확인해야만 그것을 자기 것으로 채택하는 사람들이다.

마지막으로 느림보Laggards 또는 반항아 그룹들이 있는데 그들은 긴박감을 느끼지 못할 뿐만 아니라 변해야 할 어떤 이유도 거부하는 사람들이다.

한 그룹에서 다음 그룹으로 넘어갈 때 올바른 가속력을 얻도록 관리하는 것은 어려운 부분이다. 어떤 특정 그룹의 사람들은 에너

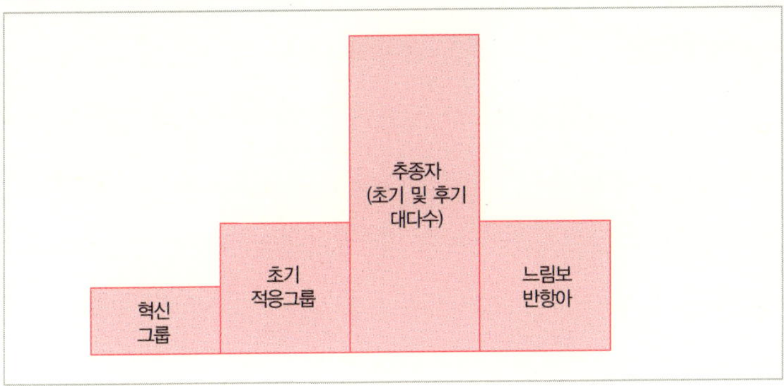

[그림 10.3] **전파 모델**The diffusion model

지와 업무 지식을 가져올 뿐만 아니라 그들 주변의 다른 사람들을 설득할 수 있기 때문에 다른 사람들보다 더 중요하다.

실행 국면의 세 단계_초기단계, 전개단계, 통합단계

준비 국면은 궁극적으로는 네 가지 질문, 즉, 왜 누가 무엇을 어떻게에 대한 답변을 하는 과정이었다. 활동과 실행 국면은 세 단계로 진행된다.

초기 단계에서 소수의 챔피언들이 실험 프로젝트에서의 경험을 바탕으로 본격적인 변화프로세스를 태동시킬 것이다. 가속도를 붙게 하기 위해서는 몇몇의 여론 주도자들이 챔피언을 따라 같은 카드패를 내야 한다. 이 단계에서 경영진의 역할은 올바른 분위기를 만들어내고, 혁신가들을 보호하고, 자원과 시간을 할당해주는 것이다.

전개 단계에서는 초기 적응 그룹과 여론 주도자들이 새로운 아이디어를 실제적인 규정으로 전환하고, 팔짱을 낀 채 진행과정을 지켜보고 있는 대다수의 추종자들과 뒤늦게 쫓아오는 사람들에게 그 규정을 전파하는 데 중요한 역할을 담당하게 될 것이다. 이런 사람들은 유형적인 증거가 있거나 특정한 프로젝트에 직접 참여해보거나 결과가 있어야만 확신을 갖고 자기약속을 하는 사람들이다. 이 시점에서 경영진은 초과달성을 해야 할 적절한 수준의 범위를 제시하고, 보다 분명한 목표를 정하고, 평가 방법을 도입하고 책임소재를 분명히 해주고, 성과와 보상을 일관성 있게 정렬시켜야 한다.

마지막으로 통합 단계에서는 사람들의 행동이 같은 방향으로 정렬되고 새로운 규칙과 가치들이 새로운 문화로 통합된다.

돌부리나 장애요소들은 일반적으로 쉽게 알아볼 수 있다. 그것들은 이미 구축되어 있는 개별적인 조직 사일로silo 나 세력들 간의 집안싸움이나, 귀에 거슬리는 관료주의 때문에 생기는 마비에서, 혹은 너무 복잡하거나 이미 시대에 뒤떨어진 시스템에서 유래하는 경우가 많다. 부서들 간의 소통부재, 너무 잘게 쪼개놓은 조직, 그리고 지나치게 많은 계층구조와 같은 것들도 또한 나쁜 역할을 한다.

정말 어려운 도전은 이러한 문제들을 휘어잡고 변화프로세스를 리드할 수 있는 용기 있는 사람을 발견하는 일이다. 여기서 지도력이란 적합한 사람들을 적극적으로 움직이게 하고 적당한 수준의 긴장감을 부여하는 것을 의미한다. 너무 많은 긴장은 스트레스로 이어지고, 사람들을 지치게 하고, 저항하게 만든다. 너무 적은 긴장감은 현실안주와 냉담으로 이어진다.

지도력은 또한 솔선수범하고, 사람들의 에너지를 방출할 수 있는 올바른 분위기를 형성하는 것을 의미한다. 그리고 나서 생기를 불어넣는 스타일을 점진적으로 계획적인 스타일로 바꾸어간다. 즉, 좀더 하향식 방식으로 새로운 가치와 새로운 규칙과 평가시스템을 확립해간다.

● 초기 단계-실험과 습득 : 최초의 성공들

실천은 새로운 접근 방안을 테스트하고 조정하기 위한 선도적 실험으로부터 시작한다. 새로운 길은 가시적인 활동과 프로젝트들을 가지고 신속하게 점검하고 완성되어야 한다. 사물들이 미지의 영역에서 한 발 한 발 모양을 갖추어갈 것이므로, 변화프로세스는 융통성 있고 진화가 가능하게 유지되어야만 한다. 전체 조직을 한 번에 통으로 움직이는 것은 불가능하다. 따라서 운영위원회는 전체 시스템 중에서 신속한 결과를 보여줄 가능성이 가장 높은 분야를 찾아내야 한다. 운영위원회는 도전을 기꺼이 감수할 의지가 있고 또한 감수할 수 있으며, 변화의 목표에 대해 굉장히 높은 수준의 동기 부여와 열정이 두드러진 핵심 인사들, 혁신 그룹, 챔피언들을 발견하고 선발해야 한다. 이 단계에서는 누가 그 일을 할 것이냐가 무엇을 할 것이냐보다 더 중요하다.

첫 번째 프로젝트들은 의미심장하고 범부서적인 것이어야 하지만 너무 광범위해서 적당한 기간 내에 끝낼 수 없는 것이어서는 안 된다. 첫 번째 프로젝트들을 통해서 작은 규모라도 혁신그룹을 확보해야 하고, 경영진의 관심과 동료들의 흥미를 끌 수 있는 믿음직한 교두보를 건설해야만 한다.

어떤 시도를 성공 스토리로 전환시키는 데에는 네 가지 곱셈 요소들이 작용한다(그림 10.4). 그것들은 서로 상쇄하기도 한다. 챔피언과 프로젝트 팀들의 동기부여와 헌신자세가 강력하면 낮은 수준의 역량이나 경험을 보상할 수 있다. 과제가 어려우면 실험에 대한 신뢰성이 높아지지만, 그와 관련된 리스크를 상쇄할 수 있는 방안이 있어야만 한다. 그 방안이 도움이 되는 것이 아니라면 실패할 확률이 높다. 나는 피아노를 칠 동기부여가 되어 있고, 피아노를 칠 줄도 알고, 적당한 수준의 난이도가 있는 적합한 음악도 골랐지만, 막상 칠 피아노가 없거나 연습할 시간이 없다면 성공할 수 없을 것이다.

운영위원회의 임무는 실험을 보호하고, 팀에게 자율권을 주고, 적합한 자원을 더 정확하게 이야기하면 충분한 시간을 할당해주는 것이다. 지금까지 경험으로 보건대 프로젝트에 100퍼센트 전

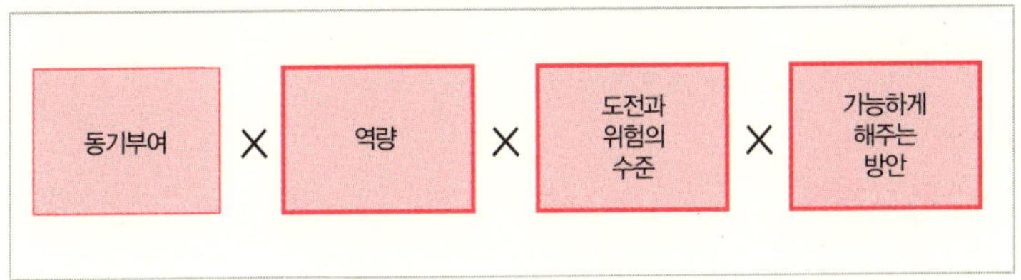

념하도록 하는 것이 성공을 위한 핵심요소다. 매일매일의 일상 활동과, 변화프로세스에 대한 장기적인 투자는 분명하게 구분되어야 한다.

이런 프로젝트들은 나머지 조직원들이 예의주시할 것이다. 여론 주도자들, 프론트 스테이지에서 일하는 현지 관리자들, 수문장들, 즉 영향력이 있는 사람들이거나 중요한 가용자원들을 관리하고 있는 사람들이 특히 예의주시할 것이다. 그들 중 몇몇은 지켜보며 분석하고는 같은 카드패를 낼 것이다. 이런 초기적응 그룹은 변화운동을 확산하는 데 필수적인 사람들이다. 왜냐하면 그들은 실험결과를 나머지 조직원들이 이해할 수 있는 무엇인가로 전환시켜주기 때문이다. 그들은 좋은 위치에서 변화 방안을 소통하고 적극적으로 옹호할 수 있고 일단의 사람들을 개종시킬 수 있다. 입소문은 이 단계에서 가장 훌륭한 소통 수단이다. 중간관리자 및 현지관리자들을 과소평가해서는 안 된다. 사람들은 자기와 같은 부류의 사람들이 변화하고 잘 나가는 것을 알아차릴 때 변화한다. 운영위원회는 이런 전환 과정과, 동화 과정, 그리고 전파 과정을 지켜보고 다음 단계를 준비한다.

● 전개 단계

일단 변화운동이 태동하면, 조직 내부로 퍼져 들어가기 시작한다. 이제 변화프로세스에 대해서 더 잘 이해하게 되었으므로 소통이 필수적이 된다. 사람들은 현 상황과, 변화의 시급성, 그리고 새로운 비전에 대해서 교육을 받아야 한다. 파악하기 쉽고 외우기 쉬운 강력한 주제어가 사람들의 의식과 흥미를 끌어당길 것이다. 예를 들면 "SKF를 비즈니스하기 쉬운 회사로 만들자"라든가 "우리는 무장애운영 비즈니스를 하는 회사다"와 같은 메시지들이 단순하면서도 사람들의 뇌리에 박힐 것이다.

대외 발표문, 헌장, 간곡한 권고, 포스터 캠페인, 구호, 간행물, 강연과 우화 등이 모두 실천할 내용에 적합하다면 유용하다. 그러나 그런 것들만으로는 그것들은 제례의식적인 주문에 지나지 않는다. 어떤 조직도 선언이나 칙령에 의해서 변화될 수 없다. 더욱더 많은 사람들이 확신에 차서 시도하고 그러한 시도들이 성공스

[그림 10.5] 작용하는 네 가지 요소들의 재고찰

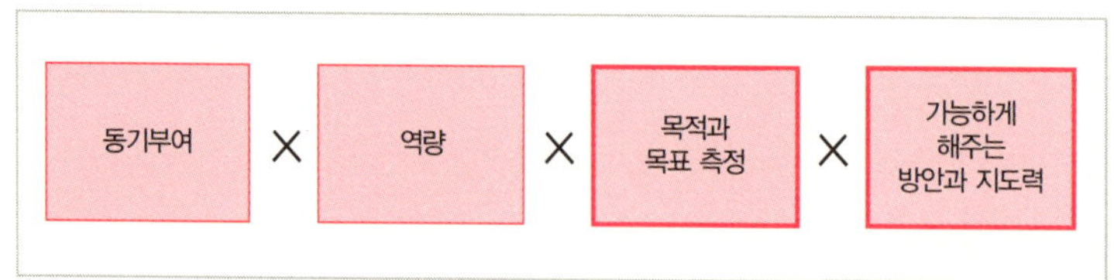

토리로 전환될 때 조직은 변화한다. 이 단계에서도 또다시, 똑같은 네 가지 요소들이 개입한다. 그러나 똑같은 방식은 아니다(그림 10.5).

동기 부여

왜 내가 일하는 방식을 바꾸어야 하는가? 그 안에 나에게 좋은 것이 무엇이 있는가? 직원들은 자기가 얻을 이득을 보지 못하고 고통을 보기 쉽다. 업무를 더 잘 통제할 수 있고, 또한 더 의미 있는 업무를 수행하게 될 것인가? 지금까지 배운 것을 잊고 재교육을 받으면 무슨 이점이 있는가? 이 변화를 극복할 수 있다고 느끼는가? 특권과 권력을 잃는 것은 아닌가? 그러나 무엇보다도, 어떤 보수와 보상을 받는가? 승진의 기회가 있는가? 프론트 스테이지 최전방 직원들의 동기부여는 백 스테이지에서 일하는 사람들의 동기부여와 다를 수 있으므로, 그리고 동기부여 요소가 너무 복잡해져서 관리하고 개발하기 곤란한 경우도 있으므로, 다른 요소들로 동기부여 요소를 보완해야 하는 경우도 생길 것이다.

역량

훈련은 자신감을 키우고, 장악력을 높여주고, 새로운 것을 적극적으로 시도하려는 마음가짐을 북돋아준다. 훈련은 새로운 태도를 확립하는 행동과 연결되어 있어야 한다. 이상적으로는 새로운 실

천방안을 실험하고 그것을 정의하는 데 직접 참여하며 오랜 기간
동안의 담금질을 통해서 연결되는 것이 바람직하다.

목적과 목표

상황이 더 잘 정의되고 결과를 더 잘 측정하게 되면, 목적과 목표
를 할당하고 성과를 평가할 수 있다. 실적 평가는 목표를 정하고
달성도를 파악하기 위해서 꼭 필요하다. 평가되는 것이 달성된다.
가장 유효한 지표는 재무 평가와 재무 결과가 아니다. 이런 지표
들은 뒤쳐져 있다. 변화프로세스와 직접적으로 연결되어 있는 근
원적이고 유형적인 지표들에 초점이 맞추어져야 한다. 예를 들어
허비되는 시간, 지체, 낭비되는 수용능력, 재고, 결함 수, 재작업,
비생산 인력, 부가가치를 만들지 못하는 활동들, 회전시간, 가치
창조, 인식된 장점, 고객만족 혹은 고객충성도 등등의 지표들이
평가되어야 한다. 어느 정도까지 초과달성 목표를 줄 것인지는 프
로젝트 리더와 그의 팀의 역량에 달려 있다. 역량보다 너무나 큰
도전과제는 근심이 될 뿐이다. 역량보다 현저히 작은 도전과제는
지루하기만 하다.

　커다란 리스크 중에 하나는 과다한 아이디어와 프로젝트를 쫓
아다니느라 자원을 낭비하는 것이다. 변화프로세스를 큰 그림과
연결함으로써, 즉 전략적 방향과 연결함으로써 변화프로세스를
조정하고 중재하는 것이 반드시 필요하다. 운영위원회는 프로젝

트들을 리뷰하고 우선 순위를 결정하고 자원을 할당함으로써 변화의 속도와 진도를 결정할 것이다. 운영위원회는 인력이관, 공유, 타가수정他家受精, 그리고 부서의 경계와 범주를 넘어서 가장 훌륭한 아이디어와 실천방안의 채택 등을 장려할 것이다.

서로 신뢰하는 분위기 안에서 실행 방안과 리더십을 활성화

직원들은 실패를 두려워하지 않고 실험할 자격이 있다. 개인들에게 자율권을 주는 데 장애가 되는 것들, 즉 너무 많은 계층 구조, 관료주의, 사업부서 간의 불화와 반목 등을 심각하게 고려해서 궁극적으로는 수정하거나 제거해야 한다. 실행방안은 그것을 듣고 또 실험하는 것이 직원들의 흥미에 부합하는 그런 것이어야 한다. 자율권을 주면 책임감이 더 강해지고, 개선을 위한 의견개진이 활발해지고, 인정을 받게 된다. 포상과 인정은 성과와 연동하여야 한다.

소통은 결과 및 상대적인 데이터와 연결되어 있다. 동료의 압박은 사람들에게 변해야만 한다는 것을 확신시키는 강력한 방법이다. 누가 자기 동료보다 뒤떨어지거나 더 나쁜 결과를 얻기 바라겠는가?

누가 승진하지 못했으며 누가 일찍 회사를 그만두었는지, 누가 의사결정의 사슬에서 빠졌는지를 직원들이 알게 될 때 가치와 행동은 강화된다. 시간과 자원의 할당도 경영진의 우선순위가 무엇인지를 분명하게 시사한다.

경영진은 같은 메시지를 두고두고 반복함으로써뿐만 아니라 정기적으로 현장을 방문하고 자신들이 설교한 내용을 직접 실천함으로써 확고한 자기약속을 보여준다. 속담이 이르는 대로 "사람들은 대화보다는 관찰에서 더 많이 배운다."

변화프로세스가 전개됨에 따라서, 프로세스는 유인pull 모드에서 강요push 모드로 점진적으로 옮겨간다. 일단 사람들이 많이 개입하게 되고 개념의 판매가 이루어진 후에는, 뒤늦은 추종자들과 저항 그룹에게 새로운 가치, 새로운 규칙, 새로운 평가방법과 포상 시스템에 대해서 말을 할 때가 왔다.

저항 그룹에게는 무엇을 해야만 할까? 그들이 만약 개종하면 변화프로세스에 커다란 가속도를 가져올 수 있지만, 그들이 변화의 필요성을 부정하고 계속 반대하게 되면 기둥뿌리가 좀먹는 수가 있다. 후자의 경우라면 그들을 무력화하거나 제거해야 한다. 이상적으로는, 이 단계에서는 객관적인 사실과 결과의 축적, 성과에 대한 분명한 기대, 그리고 동료들의 압박에 의해서 그들의 개종이 용이해진다.

● **통합과 정렬 단계**

궁극적인 목표는 새로운 실천 방안이 제2의 본성이 되고, 비즈니스를 수행하는 정상적인 방법이 되는 것이다.

문화란 서로 공유하고 있는 기본적인 추정이고, 지금까지 같이 배우고 익히고 실천을 통해서 정제된 가치이며 규칙이다. 이제 조직은 새로운 규범, 새로운 운영절차, 학습 결과를 반영한 새로운 시스템을 중심으로 '다시 동결refrozen' 되어야 한다. 새로운 시스템들은 변화가 지속적으로 유지되고 계속해서 빠르게 진전하기 위해서 제도화되어야 한다.

이 통합단계에서는 네 가지 요소에 무슨 일이 일어나는가?

[그림 10.6] 통합 요소들

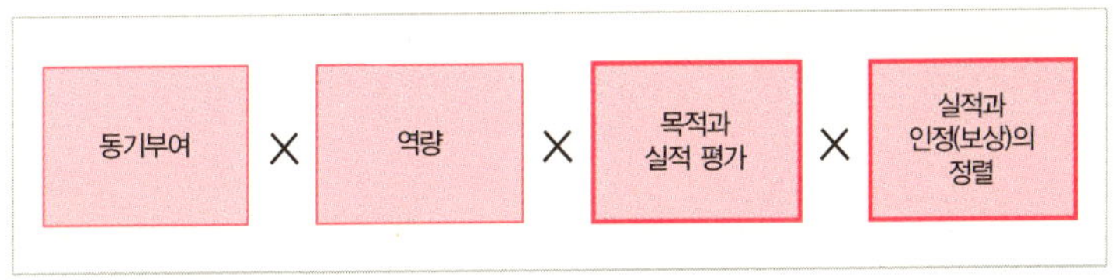

이제 강조점은 실적 평가와 인정으로 옮아간다. 배우들은 새로운 평가시스템에 의해서 설정된 제한 사항과 새로운 자원에 맞추어서 그들의 행동을 정렬한다. 축구 경기에서 공격수가 그들이 넣는 골 수에 의해서만 평가를 받는다면, 득점을 하는 것은 그들에게 이득이 되지만 다른 동료를 돕는 것은 꼭 그렇다고는 할 수 없다. 그러나 도움 패스도 평가에 고려 대상이 된다면, 다른 선수들이 득점하도록 돕는 것도 본인에게 이득이 된다. 재무 상담원들이 새로운 고객을 데려와야만 포상을 받는다면 그들은 충성심이 없는 고객들이 새나가는 것을 들여다보는 것에 별로 관심을 갖지 않을 것이다. 만약에 포상시스템이 새로운 고객과 기존의 충성스런 고객들을 함께 고려한다면, 재무 상담원들은 그에 맞추어서 행동할 것이다.

비행기 유지보수 활동의 경우에는 부서간에 협력을 강화하기 위해서 두 개의 평가 기준을 동시에 고려한다. 즉, 기체를 점검하는 동안에 무슨 사고가 나든지 간에 각 업무 단계별로 품질의 측정과 전체 유지보수 시간, 이 두 가지를 같이 고려한다. 이 두 가지가 평가시스템에서 상호연계되어 있다는 사실을 사람들에게 알려주면, 사람들은 전체 유지보수 시간 동안에 무엇이 바뀌어야만 하는지를 인식하게 되고, 그에 맞추어 행동하게 된다.

결론

비전을 행동으로 변환시키는 것은(조직의 문화를 변화시키는 것은) 그저 칙령에 의해서 일어나는 것이 아니다. 변화는 반드시 시스템적인 프로세스에 의해서 가이드되어야 한다. 중요한 것은 작은 영감, 그리고 수많은 땀과 불굴의 의지다.

결론

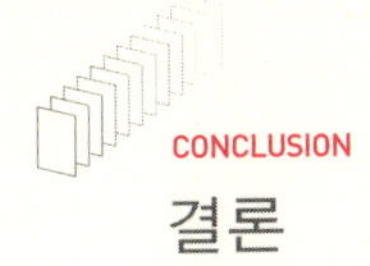

이 책을 통해서 나는 어떤 사업이든지, 렌즈가 두 개인 보통 안경을 쓰고서 한 렌즈로는 백 스테이지에서 만들어지는 상품과 그 운영프로세스를 집중해서 보고, 다른 한 렌즈로는 프론트 스테이지에서 일어나는 고객과의 관계 및 시장을 집중해서 보면서 분석해 볼 수 있다는 것을 보여주려고 노력했다. 이렇게 두 렌즈를 잘 조준해서 보면 그 사업에 대한 통합된 관점, 즉 입체지도가 생기고 핵심 이슈들이 보다 분명하게 드러난다. 말할 것도 없이 나는 프론트 스테이지에 나의 관심을 집중시켰다. 그러나 장래에는 백 스테이지가 더 개방되고 잘 보이게 될 것이라고 생각한다. 전통적으로 제조업의 경영진은 효율성을 극대화하기 위해서 회사 운영을 외부로부터 방해 받지 않으려고 했지만, 시장으로부터의 압력 때문에 계속 그런 입장을 취하기는 어려울 것이다. 백 스테이지는 마케팅 및 전략계획과 직접 연결되어서, 더 개방되고 더 유연해지게 될 것이다. 고객들이 계속해서 더욱더 중요해짐에 따라서, 그

들의 존재가 회사조직에 깊고 깊은 레벨까지 영향을 미칠 것이고,
가장 먼 곳까지 파고 들어와서 프론트 스테이지와 백 스테이지의
정렬에 관한 이슈를 훨씬 더 중요하게 만들 것이다.

우리 모두는 지금 많든 적든 서비스업을 어느 정도는 하고 있다
고 볼 수 있지만, 장래에는 더욱더 그렇게 될 것이다. 제조업자들
은 그들의 공장이 가지고 있는 서비스의 잠재 능력을 완전히 풀어
놓고 그들이 제공할 수 있는 모든 서비스 영역들을 적극적으로 활
용하고자 할 것이다. 즉, 프로토타입prototype(모형)을 신속하게 만드
는 능력, 매우 다양한 수요에 부드럽게 적응하는 유연성(매스 커스
토마이제이션mass customization), 기기의 설치와 유지보수, 전문적인 기
술지원 등 지금까지 자발적으로 해왔던 고객지원 활동들이 이에
해당한다. 미래는 고객에게 중요한 가치를 창출하는 방법을 아는
사람들의 것이다. 이를 위해 백 스테이지가 맡아주어야 할 역할이
있다.

반면에 경쟁의 압력, 상품과 서비스의 일용상품화, 가치사슬의
와해, 그리고 낮은 통신 비용 등은 일과 활동을 더욱더 표준화하
고 원가절감에 대한 긴장도를 높인다. 아웃소싱과 공장의 해외이
전(오프쇼오링offshoring)은 매일매일의 대화의 일부가 되었고 정치적
인 논쟁거리가 되었다. 엄밀하게 묘사하고 구체화할 수 있는 직업
들은 자동화되거나 해외로 이주하게 될 것이라고 많은 관측자들
이 두려워하고 있다. 이제까지는 직접적인 영향을 받지 않으리라

고 여겼던 ‘서비스’ 직종마저 지금은 위태롭게 되었다.

맥킨지 글로벌 인스티튜트McKinsey Global Institute[1]에서 실시한 연구에 따르면 “전세계 서비스 고용의 11퍼센트가 이론상으로는 원격지에서 수행될 수도 있다”고 한다. 이 연구에서 서비스 고용이란, 이 책에서 앞서 설명한 바처럼 혼란스러운 표현인 서비스업을 일컫고 있다. 전체 서비스업에 적용된 11퍼센트는 그다지 큰 의미를 갖지 못한다. 이 연구에서 훨씬 더 흥미 있는 결론에 도달한 부분은, 세계 경제를 여덟 개의 대표적인 산업군으로 분류하고 그 전체 영역의 한 끝에 ‘패키지 소프트웨어package software와 IT 서비스’를 따로 구별해두었는데 이 분야의 아웃소싱 잠재성이 49퍼센트나 되고, 다른 한 끝에 있는 ‘건강관리’와 ‘소매유통’은 각각 아웃소싱 잠재성이 8퍼센트와 3퍼센트라고 본 것이다.

이것은 서비스란 프론트 스테이지 비즈니스란 정의를 갖고 더 잘 설명할 수 있다. ‘패키지 소프트웨어와 IT 서비스’에서 일하는 사람들의 거의 절반은 원격지에서 조달이 가능한데, 왜냐하면 대부분의 활동이 백 스테이지에서 일어나는 상품 중심적인 것이기 때문이다. 반면에 ‘건강관리’와 ‘소매유통’은 프론트 스테이지에서 일어나는 고객 대면 서비스customer-facing service 활동들이 훨씬 많다. 어떤 활동들은 고객이 있는 곳에서 벌어질 수밖에 없다. 외과 수술을 해외에서 원격으로 할 수는 없지 않은가.

톰 프리드먼Tom Friedman이 설명했듯이[2], “당신은 이발 전체를 해외로 내보낼 수는 없다. 그러나 이발 예약 부분은 해외로 내보낼 수 있다.” 그러면 이제 당신은 이발 예약 부분을 아웃소싱할 것인가? 당신은 콜센터를 인도로 이전할 것인가? 이것은 민감한 주제다. 이것은 당신이 고객과 유지하고자 하는 친밀성의 수준, 피드백의 품질, 각 고객별 개별관리 혹은 통합관리와 같은 것들에 의해서 결정된다. 이제 당신은 이 질문에 대답할 수 있는 유용한 아이디어나 개념을 갖게 되었을 것이다.

이 책의 목표는 서비스에 관한 가치 있고, 단순하고, 경제적인 정의를 발견하는 것이다. 그 정의는 대부분의 비즈니스에 잘 적용할 수 있고, 이미 이 분야에서 사용하고 있는 다른 접근 방법이나 아이디어들과 깔끔하게 융합되면서 한편으로는 기본적인 이슈들을 지향하는 것이어야 한다. 이런 실전적 정의는 관리자들이 그들의 비즈니스에 도전해서, 여러 가지 관련된 개념들과 도구들을 활용하여 유용한 결론에 빨리 도달할 수 있도록 도와준다.

나는 서비스의 정의를 서비스 삼각형을 사용해 펼쳐서 이중 파트너십 문화를 보여주었다. 그리고 일용상품화로의 전이를 분석했고, 서비스-집중도 매트릭스를 사용해서 서비스의 현재 위치를 점검하고 재조정할 필요성을 설명하였다. 또한 고객을 위한 가치와 직원을 위한 가치, 그리고 회사를 위한 가치 사이에 훌륭한 균형을 유지하기 위해서 서비스믹스를 설계하고 최적화하는 작업의 어려움을 보여주었다. 또 서비스 품질의 특징들을 보여주기 위해서 세 가지 품질활동에 대해서 설명하였고, 이 정의를 제조업 서비스와 전문직 서비스라는 두 가지 극단적인 사례를 가지고 증명했으며, 이 개념의 건전성을 보여주었다.

나는 가능한 한 개념들에는 인색하려고 노력했다. 왜냐하면 문헌에는 개념의 과잉이 늘 있게 마련이고, 정작 작업에서 가장 어려운 부분은 실행이기 때문이다. 각종 개념, 지도, 표현들은 사람들이 현상태에 도전해서 적절한 변화프로세스 안에서 역동적으로 재정렬 작업을 시작하는 것을 도울 수 있어야 한다. 나는 이 영역을 탐사하기 위해서 서비스에 대한 정의를 펼쳐보였다. 지금쯤 당신이 서비스란 프론트 스테이지에서 일어나는 활동으로 인식되어야 한다는 것을 확신하기 바란다.

나는 이 정의에 따라서 간단한 결론에 도달했다. 정도에 차이가 있을 뿐 우리 모두는 지금 서비스업 안에 있고, 장래에 우리 모두는 더욱더 그렇게 될 거라는 것이다.

CHAPTER 1 서비스의 새로운 정의

1 산업 분류에 관한 페이지들의 데이터 원전:
- OECD Quarterly Labor Force Statistics
- Mitchell, B.R. *International historical statistics: The Americas 1750–1993*. 4th edn.
  McMillan Reference, 1998. Table B1
- US Department of Labor. Bureau of Labor Statistics. *Employment, Hours, and Earnings* from the Current Employment Statistics survey (National).

2 Brown, Richard and Julius DeAnne. *Manufacturing in the New World Order: Shell International Petroleum Company*. Global Scenarios, 1993.

3 Theodore Levitt. "Production−line Approach to Service". *Harvard Business Review*, Sept/Oct 1972.

4 Galbraith, Jay. *Designing Organizations*. Jossey−Bass, 1995.

CHAPTER 2 서비스, 무대 위의 경험

1 Normann, Richard. *Service Management: Strategy and Leadership in Service Business*. John Wiley & Sons, 3rd edn, 2000.

2 Baumol, William J. and Kenneth McLennan(eds). *Productivity Growth and United States Competitiveness*. Oxford University Press, 1985.

3 Carlzon, Jan. *Moments of Truth*. Ballinger Publishing Company, 1987.

4 Vandermerwe, Sandra. *From Tin Soldiers To Russian Dolls: Creating Added Value through Services*. Butterworth—Heinemann, 1993.

5 Welch, Jack. *Straight from the Gut*. Warren Books, 2001.

CHAPTER 3 서비스 삼각형

1 Brandler, Richard and John Grinder. *Frogs into Princes: Neurolinguistic Programming*. Eden Grove Edns, 1990.

2 Heskett, James, Thomas Jones, Gary Loveman, Earl Sasser and Leonard Schlesinger.
"Putting the Service—Profit Chain to Work". *Harvard Business Review*, March/April 1994

CHAPTER 4 서비스—집중도 매트릭스

1 *McLuhan, Marshall. Forward through the Rearview Mirror, Reflections on and by Marshall McLuhan*. The MIT Press, 1996.

2 Hayes, Robert and Steve Wheelwright. "Link Manufacturing Process and Product Life Cycles". *Harvard Business Review*, Jan/Feb 1979.

3 Maister, David. *Managing the Professional Service Firm*. The Free Press, 2003.

CHAPTER 5 어울림을 발견하고 유지하기

1 Vandermerwe, Sandra. *From Tin Soldiers to Russian Dolls: Creating Added Value through Services*. Butterworth—Heinemann, 1993

CHAPTER 7 세 가지 품질 활동

1 Deming, Edward. *Out of the Crisis*. MIT Press, 1982.
2 Ishikawa, Kaoru. *What is Total Quality Control? The Japanese Way*. Prentice Hall, 1985.
3 Crosby, Philip. *Quality without Tears*. Plume Book, 1984.
4 Sewell, Carl. *Customers for Life*. Pocket Books, 1990.
5 Hammer, Michael and James Champy. *Re-engineering the Corporation*. Harper Business, 1994.

CHAPTER 8 공급과 수요의 균형

1 Talluri, Kalyan and Garrett Van Ryzin. *Theory and Practice of Revenue Management*. Kluwer Academic Publishers, 2004.
2 Larson, Richard. "There's more to a line than its wait". *Technology Review*, July 1988.

CHAPTER 9 제조업 서비스에서 전문직 서비스까지

1 Vandermerwe, S. and M. Taishoff. *SKF Bearings: Market Orientation through Services*. IMD case study, 1991
2 Kim, Chan and Renee Mauborgne. *Blue Ocean Strategy*. Harvard Business Press, 2005.
3 Welch, Jack. *Straight from the Gut*. Warner Books, 2001.
4 Scott, Mark C. *The Professional Service Firm*. John Wiley, 2001.
5 Maister, David. *True Professionalism*. The Free Press, 1997.
6 Oliva, Rogelio, Hallowell, Roger and Gabriel Bitran. *Merrill Lynch: Supernova*. Harvard Business Services case study 9-604-053, 2003.

CHAPTER 10 변화 관리

1 Christensen, Clayton M. *The Innovator's Dilemma: When Technologies Cause Great Firms to Fail*. Harvard Business School Press, 1997.

결론

1 McKinsey Global Institute. *The Emerging Global Labor Market*, 2005.
2 Friedman, Thomas. *The World is Flat*. Farrar, Strauss and Giroux, 2005.

- Anderson, Kristin and Ron Zemke. *Knock your Socks Off: Delivering Service*. Amacom, 1991.

- Bandler, Richard and John Grinder. *Frogs into Princes: Neurolinguistic Programming*. Eden Grove Edtns. 1990.

- Bell, Chip R. and Ron Zemke. *Knock your Socks Off: Managing Service*. Amacom, 1992.

- Berry, Leonard L., Parasuraman, A. and Valarie A. Zeithmal. "Servqual: A Multiple- Item Scale for Measuring Customer Perceptions of Service Quality". (Report No. 86-108), Marketing Science Institute, 1986.

- Berry, Leonard L. *On Great Service: A Framework for Action*. The Free Press, 1995.

- Berry, Leonard L. *Discovering the Soul of Service: The Nine Drivers of Sustainable Business Success*. Free Press, 1999.

- Brown, Richard and Julius DeAnne. *Manufacturing in the New World Order: Shell International Petroleum Company*. Global Scenarios, 1993.

- Carlzon, Jan. *Moments of Truth*. Ballinger Publishing Company, 1987.

- Christnsen, Clayton M. *The Innovator's Dilemma: When Technologies Cause Great Firms to Fail*. Harvard Business School Press, 1997.

- Collier, David A. *Service Management: The Automation of Services*. Prentice-Hall 1985.
- Collier, David A. *Service Management: Operating Decisions*. Prentice-Hall, 1987.
- Crosby, Philip B. *Quality without Tears: The Art of Hassle-Free Management*. Plume Book, 1984.
- Deming, Edward. *Out of the Crisis*. MIT Press, 1982.
- Edvardsson, Bo, Thomasson, Bertil and John Øvertveit. *Quality of Service: Making It Really Work*. McGraw-Hill, 1994.
- Fitzsimmons, James A. and Mona J. Fitzsimmons. *Service Management: Operations, Strategy, and Information Technology*. 4th edn, McGrw-Hill Irwin, 2004.
- Freemantle, David. *Incredible Customer Service: The Final Test*. McGraw-Hill, 1993.
- Friedman, Thomas. *The World is Flat*. Farrar, Straus & Giroux, New York, 2005.
- Galbraith, Jay R. *Designing Organizations: An Executive Briefing on Strategy, Structure and Process*. Jossey-Bass, 1995.
- Gee, Francesca and James Teboul. *Benihana U.K. (Ltd.)*. INSEAD case study, 1997.
- Gladwell, Malcolm. *The Tipping Point*. Blackday Books, 2000.
- Grönroos, Chrisitian. *Service Management and Marketing: Managing the Moments of Truth in Service Competition*. Lexington Books, 1990.
- Grönroos, Chrisitian. *Service Management and Marketing: a Customer Relationship Management Approach*. 2nd edn, Wiley, 2000.
- Hammer, Michael and James Champy. *Re-engineering the Corporation*. Harper Business, 2994.
- Hart, Christopher W.L., "The Power of Unconditional Service Guarantees". *Harvard Business Review*, July/August 1988.
- Hart, Christopher W.L., Heskett, James L. and W. Earl Sasser, Jr. "The

Profitable Art of Service Recovery". *Harvard Business Review*, July/August 1990, pp. 148-56.

- Hayes, Robert H. and Steven C. Wheelwright. "Link Manufacturing Process and Product Life Cycles". *Harvard Business Review*, Jan/Feb 1979.

- Heskett, James L. *Shouldice Hospital Limited*. Harvard Business Services case study, 1989.

- Heskett, James L., Jones, Thomas O., Loveman, Gary W., Sasser, Jr., Earl W. and Leonard A. Schlesinger. "Putting the Service-Profit Chain to Work". *Harvard Business Review*, March/April 1994, pp. 164-74.

- Heskett, James L., Sasser, Jr., Earl W. and Christopher W.L. Hart. *Service Breakthroughs: Changing the Rules of the Game*. The Free Press, 1990.

- Heskett, James L., Sasser, Jr., Earl W. and Leonard A. Schlesinger. *The Service-Profit Chain: How Leading Companies Link Profit and Growth to Loyalyt, Satisfaction, and Value*. The Free Press, 1997.

- Imai, Massaki. *Gemba Kaizen: A Commonsense, Low-Cost Approach to Management*. McGraw-Hill, 1997.

- Ishikawa, Kaoru. *What it Total Quality Control? The Japanese Way*. Prentice-Hall, 1985.

- Kim, Chan and Renée Mauborgne. *Blue Ocean Strategy: How to Create Uncontested Market Space and Make Competition Irrelevant*. Harvard Business Press, 2005.

- Kotter, John P. *Leading Change*. Harvard Business School Press, 1996.

- Larson, Richard. "There's More to a Line Than its Wait". *Technology Review*, July 1988.

- Levitt, Theodore. "The Industrialization of Service". *Harvard Business Review*, Sept/Oct 1976, pp, pp. 63-74.

- Levitt, Theodore. "Production-line Approach to Service". *Harvard*

Business Review, Sept/Oct 1972, pp. 41-52.

- Lovelock, Christopher H. *Product Plus: How Product + Service = Competitive Advantage*. McGraw-Hill, 1993.

- Lovelock, Christopher H. and Jochen Wirtz. *Services Marketing: People, Technology, Strategy*. Prentice Hall, 2003.

- Maister, David H. *True Professionalism: The Courage to Care About Your People, Your Clients, and Your Career*. The Free Press, 1996.

- Maister, David H. *Managing the Professional Service Firm*. The Free Press, 2003.

- McLuhan, Marshall. *Forward through the Rearview Mirror, Reflections on and by Marshall Mcluhan*. The MIT Press, 1996.

- Normann, Richard. *Service Management: Strategy and Leadership in Service Business*. 3rd edn, John Wiley & Sons, 2000.

- Oliva, Rogelio, Hallowell, Roger and Gabriel Bitran. *Merrill Lynch: Supernova*. Harvard Business Services case study 9-604-053, 2003.

- Pasuraman, A. and Leonard L. Berry. *Marketing Services: Competing Through Quality*. Free Press, 2004.

- Payne, Adrian. *The Essence of Services Marketing*. Prentice Hall, 1993.

- Pine II, B. Joseph and James H. Gilmore. *The Experience Economy: Work is Theater & Every Business a Stage*. Harvard Business School Press, 1999.

- Quinn, James Brian. *Intelligent Enterprise*. The Free Press, 1992.

- Quinn, James Brian and Christopher E. Gagnon. "Will Services Follow Manufacturing into Decline?" *Harvard Business Review*, November/December 1986, pp. 95-103.

- Reichheld, Frederick F. and W. Earl Sasser, Jr. ; "Zero Defections: Quality Comes to Services". *Harvard Business Review*, September/October 1990, pp. 105-11.

- Rust, Roland T. and Richard L. Oliver (eds). *Service Quality: New Directions in Theory and Practice*. SAGE Publications, 1994.

- Schlesinger, Leonard A. and James L. Heskett. "The Service-Driven Service Company". *Harvard Business Review*, September/October 1991, pp. 71-81.
- Schmidt, Waldemar, Adler, Gordon and Els van Weering. *Winning at Service: Lessons from Service Leaders*. Wiley, 2003.
- Schmidt, Benjamin and David E. Bowen. *Winning the Service Game*. Harvard Business Cchool Press, 1995.
- Scott, Marc. *The Professional Service Firm*. Wiley, 2001.
- Sewell, Carl. *Customers for Life*. Pocket Books, 1990.
- Shostack, G. Lynn. "Breaking Free from Product Marketing". *Journal of Marketing*, April 1977, pp. 73-80.
- Shostack, G. Lynn. "Designing Services That Deliver". *Harvard Business Review*, January/February 1984, pp. 133-9.
- Talluri, Kalyan and Garrett J. Van Ryzin. *The Theory and Practice of Revenue Management*. Kluwer Academic Publishers, 2004.
- Teboul, James. *Managing Quality Dynamics*. Prentice Hall, 1991.
- Vandermerwe, Sandra. *From Tin Soldiers to Russian Dolls: Creating Added Value through Services*. Butterworth-Heinemann, 1993.
- Vandermerwe, Sandra. *The Eleventh Commandment: Transforming to "Own" Customers*. John Wiley & Sons, 1996.
- Vandermerwe, S. and M. Taishoff. *SKF Bearings: Market Orientation through Services*. IMD case study, 1991.
- Van Looy, Bart, Roland Van Dierdonck and Paul Gemmel (eds). *Service Management: an Integrated Approach*. Financial Times Publishing, 1998.
- Watkins, Michael. *The First 90 Days: Critical Success Strategies for New Leaders at All Levels*. Harvard Business School Press, 2003.
- Welch, Jack. *Straight from the Gut*. Warner Books, 2001.
- Wright, Lauren and Christopher H. Lovelock. *Principles of Service Marketing and Management*. Prentice Hall, 2004.

270

- Wyckoff, Daryl. "New Tools for Achieving Service Quality". *The Cornell HRA Quarterly*, November 1984.
- Zeithaml, Valarie, Parasuraman, A. and Leonard L. Berry. *Delivering Quality Service: Balancing Customer Perceptions and Expectations.* The Free Press, 1990.
- Zeithaml, Valarie and Mary Bitner. *Services Marketing*. McGraw, 2002.

프론트 스테이지 법칙

초판 1쇄 | 2010년 5월 25일

지은이 | 제임스 테블
옮긴이 | 이경조
펴낸이 | 이용배
펴낸곳 | (주)고려원북스
편집주간 | 설웅도
마케팅 | 김홍석, 이종진
판매처 | (주)북스컴, Bookscom, Inc.

출판등록 | 2004년 5월 6일(제16-3336호)
주소 | 서울 광진구 능동 279-3번지 길송빌딩 7층
전화번호 | 02-466-1207
팩스번호 | 02-466-1301

Copyright ⓒ Palgrave Macmillan, a division of Macmillan Publishers Limited, 2006
Copyright ⓒ Koreaone books, Inc., 2010, printed in Korea

값 17,000원

ISBN 978-89-91264-40-3 13320